KUCHAŘKA LEDOVÉ ZLATÉ DEZERTY

Prozkoumejte bohatý svět mražených pochoutek se 100 opulentními recepty

Veronika Jirásková

Materiál chráněný autorským právem ©2024

Všechna práva vyhrazena

Žádná část této knihy nesmí být použita nebo přenášena v jakékoli formě nebo jakýmikoli prostředky bez řádného písemného souhlasu vydavatele a vlastníka autorských práv, s výjimkou stručných citací použitých v recenzi. Tato kniha by neměla být považována za náhradu lékařských, právních nebo jiných odborných rad.

OBSAH

- OBSAH 3
- ÚVOD 6
- GATEAUX, BOMBY A TERINY 7
  - 1. Zmrazená makaronová terina 8
  - 2. Čokoládová a třešňová zmrzlina Gateau 10
  - 3. Čokoládová bomba 13
  - 4. Grand Marnier & Orange Iced Soufflé 15
  - 5. Ledová dvojitá čokoládová pěna 17
  - 6. Mražený dort s citronovým tvarohem 19
  - 7. Ananas pečený na Aljašce 22
  - 8. Ledová rolka s jahodovou Pavlovou 24
  - 9. Ledová malina & broskvová drobnost 26
- ZMRZLINA 28
  - 10. Levandulová botanická zmrzlina 29
  - 11. Meruňková zmrzlina Earl Grey 32
  - 12. Datlová zmrzlina 34
  - 13. Zlatý Fík Led s Rumem 36
  - 14. Zmrzlina z čerstvého zázvoru 38
  - 15. Čerstvá broskvová zmrzlina 40
- ŽELATÁ 42
  - 16. Gelato Di Crema 43
  - 17. Pistáciové gelato 45
  - 18. Gelato z hořké čokolády 47
  - 19. Malinové Ripple Gelato 49
  - 20. Citronové gelato 51
  - 21. Tutti-Frutti Gelato 53
  - 22. Kávové gelato 55
  - 23. Kumquat Gelato 57
  - 24. Mandlové amaretto gelato 59
  - 25. Ovesná skořicová zmrzlina 61
  - 26. Dvojité čokoládové gelato 63
  - 27. Višňovo-jahodové gelato 65
  - 28. Limetkové Gelato s Chia Semínky 67
  - 29. Toblerone Gelato 69
  - 30. Čokoládová Nutella Gelato 71
  - 31. Cherry Gelato 73
  - 32. Blackberry Gelato 75
  - 33. Malinové gelato 77
  - 34. Borůvkové gelato 79
  - 35. Mango Gelato 81

36. Gelato s arašídovým máslem 83
37. Gelato z lískových oříšků 85
38. Smíšené Berry Gelato 87
39. Kokosové gelato 89
40. Dýňové gelato 91
41. Ananas a Kokos Gelato 93
42. Limonádové gelato 95
43. Avokádové gelato 97
44. Gelato z hořké čokolády 99
45. Karamelové gelato 101
46. Gelato z lískových oříšků 103
47. Nutella Gelato 105
48. Jahodové gelato 107
49. Čokoládové chipsové gelato 109
50. Cannoli Gelato 111
51. Višňové gelato 114
52. Pikantní čokoládové gelato 116

SUNDAES 118
53. Knickerbocker Glory 119
54. Broskvová Melba 121
55. Čokoládový oříškový pohár 123

SORBET 125
56. Sorbet ze smíšeného ovoce 126
57. Jahodový a Heřmánkový Sorbet 128
58. Jahoda, Ananas a Pomerančový Sorbet 130
59. Banánovo-jahodový sorbet 132
60. Malinový sorbet 134
61. Jahodový sorbet Tristar 136
62. Sorbete De Jamaica 138
63. Mučenkový sorbet 140
64. Kiwi sorbet 142
65. Kdoule Sorbet 144
66. Guava sorbet 146
67. Zázvorový sorbet z granátového jablka 148
68. Brusinkový jablečný sorbet 150
69. Melounový sorbet 152
70. Kaktus Pádlo Sorbet s Ananasem a Limetkou 154
71. Sorbet z avokáda a mučenky 156
72. Soursop Sorbet 158
73. Pro osvěžení Ananasový sorbet 160
74. Sorbet z bílé broskve 162
75. Hruškový sorbet 164
76. Concord hroznový sorbet 166

77. Deviled Mango Sorbet 168
MRAŽENÝ JOGURT 170
    78. Čerstvý zázvor mražený jogurt 171
    79. Čerstvá broskev mražený jogurt 174
    80. Islandský dort mražený jogurt 177
    81. Mražený jogurt s Rozmarýnem a Kandovaným Ovocem 180
    82. Překvapení z mražené čokolády 182
    83. Ostružinový mražený jogurt 184
    84. Karobovo-medový mražený jogurt 186
    85. Zázvor a Rebarbora Jogurt Led 188
    86. Medový mražený jogurt 190
AFFOGATO 192
    87. Čokoládové lískooříškové affogato 193
    88. Amaretto Affogato 195
    89. Tiramisu Affogato 197
    90. Affogato se slaným karamelem 199
    91. Citronový sorbet Affogato 201
    92. Pistáciové affogato 203
    93. Kokosové affogato 205
    94. Mandlové affogato 207
    95. Oranžová a Tmavá čokoláda Affogato 209
    96. Nutella Affogato 211
    97. Mátový čokoládový čip Affogato 213
    98. Malinový Sorbetto Affogato 215
    99. Karamelové macchiato Affogato 217
    100. Oříškové Biscotti Affogato 219
ZÁVĚR 221

ÚVOD

Vítejte v knize „KUCHAŘKA LEDOVÉ ZLATÉ DEZERTY", váš pas, abyste mohli prozkoumat bohatý a luxusní svět mražených pochoutek prostřednictvím 100 opulentních receptů, které oslní vaše chuťové pohárky a potěší vaše smysly. Ice Gold představuje ztělesnění mraženého požitku, kde každé sousto je symfonií chutí, textur a vjemů, které vás přenesou do říše čisté kulinářské blaženosti. V této kuchařce vás zveme na cestu zamrzlou dezertní krajinou, kde se kreativitě meze nekladou a kde vládne dekadence.

V této kuchařce objevíte poklad receptů na mražené dezerty, které předvádějí neomezené možnosti ledového zlata. Od klasických oblíbených, jako je krémové gelato a osvěžující sorbet až po inovativní výtvory, jako jsou extravagantní zmrzlinové dorty a elegantní semifreddo, každý recept je důkazem umění a vynalézavosti výrobců mražených dezertů po celém světě. Ať už jste ostřílený znalec nebo začínající průzkumník, v této kolekci si každý najde něco, co si užije. Co odlišuje "KUCHAŘKA LEDOVÉ ZLATÉ DEZERTY" je její důraz na extravaganci a luxus. Každý recept je vytvořen tak, aby navodil pocit bohatství a požitkářství, za použití prvotřídních ingrediencí, složitých technik a vynikající prezentace k vytvoření zmrazených mistrovských děl, která jsou stejně krásná jako lahodná. Ať už pořádáte okázalou večeři, slavíte zvláštní příležitost nebo si prostě dopřáváte chvilku kulinářského požitku, tyto recepty zaručují trvalý dojem. V této kuchařce najdete praktické tipy pro zvládnutí umění výroby mražených dezertů a také úžasné fotografie, které inspirují vaše kulinářské výtvory. Ať už šleháte rychlý sorbet pro horký letní den nebo pracujete nad propracovaným zmrzlinovým dortem na slavnostní setkání, kniha „KUCHAŘKA LEDOVÉ ZLATÉ DEZERTY" nabízí množství receptů, technik a inspirace, které vám pomohou vytvořit mražené pochoutky. které si opravdu zaslouží obdiv.

GATEAUX, BOMBY A TERINY

1. Zmrazená makaronová terina

SLOŽENÍ:
- 2 bílky
- 1/2 šálku cukrářského cukru, prosátého
- 2 šálky husté smetany, jemně našlehané
- 1 šálek drcených makronek
- 3 polévkové lžíce. Amaretto likér
- 1 šálek drcené mandlové pralinky
- čokoládové kudrlinky nebo tvary na ozdobu
- Z bílků ušlehejte tuhý sníh a poté do něj vmíchejte cukr, dokud nebude hustý a lesklý.

INSTRUKCE:
a) V jiné míse ušlehejte smetanu dotuha, poté vmíchejte nadrcené makronky a Amaretto. Vmícháme do bílků.
b) Lžící vložte do pánve na terinu nebo ošatky o rozměrech 3 × 11 palců a zmrazte přes noc, dokud nebude úplně pevná.
c) Až budete připraveni k podávání, vyklopte jej na složený list fólie. Dejte si pralinku na jiný list. Terinu opatrně potřete rozdrcenou pralinkou a jemně přitlačte paletovým nožem, abyste pokryli vše kromě základu. Terinu přendejte na servírovací talíř a ozdobte kousky čokolády.

2. Čokoládová a třešňová zmrzlina Gateau

SLOŽENÍ:
- 1 šálek (2 tyčinky) nesoleného másla
- 1 šálek superjemného cukru
- 1 lžička čistý vanilkový extrakt
- 4 vejce, rozšlehaná
- O 2 šálky méně 1 vrchovatá polévková lžíce. všestranná mouka
- 1 vrchovatá polévková lžíce. neslazený kakaový prášek
- 1 1/2 lžičky. prášek na pečení
- 4 šálky vypeckovaných a nakrájených třešní
- 1/2 šálku brusinkové šťávy
- 3 polévkové lžíce. světle hnědý cukr
- 1/2 receptu na luxusní vanilkové gelato
- 1 šálek husté smetany, jemně našlehané
- pár třešní na polevu
- čokoládové kudrlinky

INSTRUKCE:
a) Předehřejte troubu na 350 °F (180 °C). Lehce namažte 7palcovou pružinovou formu nebo hlubokou dortovou formu s volným dnem. Vyšlehejte máslo, cukr a vanilku, dokud nebude bledá a krémová. Jemně zašlehejte polovinu vajec, pak postupně přidávejte suché ingredience, střídavě se zbytkem vajec, dokud se dobře nespojí. Lžící vložíme do připravené dortové formy, zarovnáme vršek a pečeme 35 až 40 minut, dokud nebude na dotek pevné. Ochlaďte na pánvi, poté vyjměte, zabalte do fólie a chlaďte, dokud opravdu nevychladne, aby bylo krájení snazší.
b) Vložte třešně do malého hrnce s brusinkovou šťávou a hnědým cukrem. Vařte na mírném ohni do měkka. Nechte vychladnout a poté dejte do lednice pořádně vychladnout. Vanilkové gelato připravte, dokud nedosáhne konzistence naběratelné lžící.
c) Dlouhým nožem nakrájejte dort na tři rovnoměrné vrstvy. Umístěte jednu vrstvu do 7palcové dortové formy a navrch položte polovinu třešní a jednu třetinu jejich šťávy. Zakryjte vrstvou gelata a poté druhou vrstvou koláče. Přidejte zbytek třešní, ale ne všechnu šťávu (zbytek šťávy použijte na navlhčení spodní strany třetí vrstvy koláče). Zakryjte zbytkem gelata a poslední koláčovou vrstvou. Dobře přitlačte, zakryjte plastovým obalem a přes noc zmrazte. (Na přání lze dort skladovat v mrazáku až 1 měsíc.)
d)

3. Čokoládová bomba

SLOŽENÍ:
- 1/2 receptu gelato z hořké čokolády
- 1/2 šálku smetany ke šlehání
- 1 malý bílek
- 1/8 šálku superjemného cukru
- 4 unce. čerstvé maliny rozmačkané a pasírované
- 1 recept malinová omáčka

INSTRUKCE:

a) V mrazáku vychlaďte formu na bombu nebo kovovou misku o objemu 3 1/2 až 4 šálků. Připravte gelato. Když je konzistence roztíratelné, vložte formu do misky s ledem. Vnitřek formy vyložte gelato, ujistěte se, že je silná a rovnoměrná vrstva. Vršek uhlaďte. Formu ihned vložte do mrazáku a zmrazte, dokud nebude opravdu pevná.

b) Mezitím ušleháme smetanu dotuha. V samostatné misce ušlehejte bílek, dokud se nevytvoří měkké vrcholy, poté jemně zašlehejte cukr, dokud nebude lesklý a tuhý. Smícháme šlehačku, bílek a pasírované maliny a necháme vychladit. Když je čokoládová zmrzlina opravdu tuhá, lžící vmícháme do středu bomby malinovou směs. Vršek uhlaďte, přikryjte voskovaným papírem nebo fólií a dejte zmrazit alespoň na 2 hodiny.

c) Asi 20 minut před podáváním vyjměte bombu z mrazáku, zatlačte jemnou špejlí doprostřed, aby se uvolnil vzduchový uzávěr, a přejeďte nožem po vnitřním horním okraji. Vyklopte na vychlazený talíř a pánev krátce otřete horkou utěrkou. Jednou nebo dvakrát pánví zmáčkněte nebo zatřeste, abyste zjistili, zda bomba vyklouzne; pokud ne, znovu otřete horkým hadříkem.

d) Když vyklouzne, možná budete muset očistit horní povrch malým paletovým nožem a poté jej okamžitě vrátit do mrazničky na alespoň 20 minut, aby se znovu zpevnil.

e) Podávejte nakrájené na plátky s malinovou omáčkou. Tato bomba vydrží na pánvi v mrazáku 3 až 4 týdny.

4. Grand Marnier & Orange Iced Soufflé

SLOŽENÍ:
- 4 velké pomeranče
- 1 (1/4-oz.) obálka neochucené želatiny
- 6 velkých vajec, oddělených
- 1 šálek plus 2 polévkové lžíce. superjemný cukr
- 4 až 6 polévkových lžic. Grand Marnier
- 2 polévkové lžíce. citronová šťáva
- 1 3/4 šálku smetany ke šlehání, šlehačka
- 2 polévkové lžíce. voda
- několik stonků červeného rybízu

INSTRUKCE:
a) Připravte 7 palců širokou, hlubokou misku na suflé tak, že ji zabalíte do límce z dvojitého voskovaného papíru, který je asi 2 palce nad okrajem. Zajistěte voskovaný papír páskou. Kůru ze 2 pomerančů nastrouháme najemno a dáme stranou. Ze 2 nebo 3 pomerančů vymačkejte tolik šťávy, abyste získali 1 šálek šťávy. Zahřejte pomerančovou šťávu a poté vmíchejte želatinu. Nechte ji rozpustit nebo ji vložte do malé misky nad horkou vodou, dokud se úplně nerozpustí.
b) Vyšlehejte žloutky a 1 hrnek cukru do husté a krémové hmoty. Přišlehejte pomerančovou šťávu, pomerančovou kůru, Grand Marnier a citronovou šťávu. Necháme vychladnout, ale nechladíme. Z bílků ušleháme tuhý sníh. Jemně je vmíchejte do vychladlé směsi pomerančů a žloutků a následně do šlehačky, dokud se dobře nezapracují. Lžíci vložte do připravené misky na suflé a nechte několik hodin nebo přes noc zmrazit.
c) Zbylý pomeranč nakrájejte na tenké plátky a rozpůlte a vložte do mělké pánve nebo pánve se zbývajícími 2 lžícemi cukru a 2 lžícemi vody. Vařte doměkka, poté vařte na vysokém ohni, dokud nezačnou karamelizovat kousky pomeranče. Důkladně vychlaďte na listu voskovaného papíru.
d) Při podávání opatrně odstraňte papírový límec z okolí suflé a položte misku na servírovací talíř. Na suflé položte karamelizované plátky pomeranče a přidejte několik stonků čerstvého červeného rybízu.

5. Ledová dvojitá čokoládová pěna

SLOŽENÍ:
- 3 až 4 polévkové lžíce. velmi horké mléko
- 1 (1/4-oz.) obálka neochucené želatiny
- 1 1/2 šálku kousky bílé čokolády
- 4 polévkové lžíce. (1/2 tyčinky) nesolené máslo
- 2 velké bílky
- 1/2 šálku superjemného cukru
- 1/2 šálku jemně nasekané tmavé čokolády (chcete zachovat nějakou texturu)
- 1/2 šálku husté smetany, lehce našlehané
- 1/2 šálku řeckého jogurtu
- 18 kávových zrn nebo rozinek v čokoládě
- 1 lžička neslazený kakaový prášek, prosátý

INSTRUKCE:

a) Do horkého mléka nasypeme želatinu a mícháme, aby se rozpustila. Je-li to nutné, vložte ji do mikrovlnné trouby po dobu 30 sekund, abyste ji pomohli rozpustit. Bílou čokoládu a máslo jemně rozpusťte, dokud nebude hladká. Vmíchejte rozpuštěnou želatinu a nechte vychladnout, ale nenechte ji znovu ztuhnout. Z bílků ušleháme tuhý sníh, postupně zašleháme cukr a vmícháme hořkou čokoládu.

b) Vychladlou bílou čokoládu, šlehačku, jogurt a sníh z bílků opatrně smíchejte. Směs nandejte do 6 jednotlivých forem nebo do jedné velké formy, vyložené plastovým obalem pro snadné vyndání. Úhledně srovnejte vršky. Zakryjte a zmrazte na 1 až 2 hodiny nebo přes noc.

c) Chcete-li podávat, uvolněte horní okraje malým nožem. Obraťte každou formu na servírovací talíř a otřete horkým hadříkem nebo jemně uvolněte pěnu pomocí plastového obalu. Vraťte pěny do mrazáku, dokud nejsou připraveny k jídlu. Podávejte s kávovými zrny nebo rozinkami v čokoládě a lehce propasírovanou práškovou čokoládou.

6.Mražený dort s citronovým tvarohem

SLOŽENÍ:
- 1/2 šálku (1 tyčinka) nesoleného másla
- 1/2 šálku superjemného cukru
- 2 velká vejce
- 1 lžička čistý vanilkový extrakt
- 1 hrnek univerzální mouky
- 1 1/2 lžičky. prášek na pečení
- 2 až 4 polévkové lžíce. mléko
- 1 1/2 šálku kvalitního citronového tvarohu
- 2 velké citrony
- 1 (1/4-oz.) obálka neochucené želatiny
- 2 šálky smetanového sýra
- 1 šálek superjemného cukru
- 1 šálek bílého jogurtu
- 2 velké bílky

INSTRUKCE:
a) Předehřejte troubu na 375 °F (190 °C). Máslo a cukr vyšleháme do bledé a krémové hmoty, poté zašleháme vejce a vanilku. Postupně vmíchejte suché ingredience a pokud směs není měkká, přidejte trochu mléka.
b) Když je dobře promícháno, vložte lžíci do nepřilnavé 8-palcové čtvercové dortové formy s volným dnem. Vršek uhladíme a pečeme 20 až 25 minut, dokud nebude rovnoměrně nakynuté a na dotek pevné. Necháme vychladnout na pánvi.
c) Mezitím odeberte několik velkých jemných kousků citronové kůry na ozdobu a uchovávejte přikryté. Do mixovací nádoby nastrouhejte zbytek kůry. Vymačkejte šťávu do odměrky a přidejte vodu, aby se vytvořily 3/4 šálku tekutiny. Tuto tekutinu zahřejte, poté přisypte želatinu a míchejte, dokud se nerozpustí. Necháme vychladnout.
d) Do mísy dáme tvaroh s citronovou kůrou, přidáme polovinu cukru a ušleháme do krémově hladké hmoty. Poté vmícháme vychladlou želatinu a jogurt.
e) V samostatné misce ušlehejte bílky do tuha a poté vmíchejte cukr. Tuto směs vmíchejte do tvarohové směsi, dokud nebude hladká.
f) Koláč na pánvi potřete silnou vrstvou lemon curd a poté na něj naneste tvarohovou směs. Uhlaďte vršek a dejte do mrazáku na 2 hodiny nebo dokud nebudete připraveni k podávání.

7.Ananas pečený na Aljašce

SLOŽENÍ:
- 1 6 až 8 uncí. kusový zázvorový dort z obchodu
- 6 plátků zralého, oloupaného ananasu
- 3 šálky tutti-frutti gelato , změkčení
- 3 velké bílky
- 3/4 šálku superjemného cukru
- několik kousků čerstvého ananasu na ozdobu

INSTRUKCE:
a) Dort nakrájejte na 2 silné kusy a urovnejte do čtverce nebo kruhu na list opakovaně použitelné vložky na pekáč, abyste jej později mohli snadno přenést na servírovací misku.
b) Nakrájejte 6 plátků ananasu na trojúhelníky nebo čtvrtiny přes dort, aby zachytily případné kapky. Kousky ananasu naaranžujte na dort a navrch položte gelato. Ihned vložte pánev do mrazáku, aby gelato znovu zmrazilo, pokud příliš změklo.
c) Mezitím ušlehejte bílky na hodně tuhý sníh, poté postupně zašlehejte cukr, dokud směs nebude tuhá a lesklá. Směs na pusinky rovnoměrně rozetřete po celém gelato a vraťte do mrazáku. V případě potřeby lze na několik dní zmrazit.
d) Až budete připraveni k podávání, zahřejte troubu na 450 °F (230 °C). Pekáč vložíme do rozpálené trouby jen na 5 až 7 minut, nebo dokud celý nezezlátne. Přendejte do servírovací misky a ihned podávejte ozdobené několika kousky čerstvého ananasu.

8. Ledová rolka s jahodovou Pavlovou

SLOŽENÍ:
- 2 lžičky kukuřičný škrob
- 1 šálek superjemného cukru
- 4 bílky, pokojové teploty
- cukrářský cukr, prosátý
- 1 1/2 šálku jahodového sorbetu
- 1/2 šálku husté smetany
- cukrářský cukr, čerstvé jahody a lístky máty na ozdobu

INSTRUKCE:
a) Linka 12 × 9 palců. želé rolovací pánev s nepřilnavou pečící vložkou nebo voskovaným papírem, oříznutá podle potřeby. Kukuřičný škrob prosejeme a rovnoměrně promícháme se superjemným cukrem.
b) Vyšlehejte bílky, dokud nevytvoří pevné špičky, ale nejsou suché a drobivé. Poté postupně zašlehejte směs cukru a kukuřičného škrobu do tuha a lesku. Lžící vložíme do připravené pánve a vršek vyrovnáme.
c) Vložte do studené trouby a zapněte ji na 300 °F (150 °C). Vařte 1 hodinu, dokud není vršek křupavý, ale pusinky jsou stále pružné (pokud se zdá, že se na začátku vaření barví, snižte teplotu, aby nezhnědly).
d) Ihned vyklopíme na dvojitý list voskovaného papíru posypaného prosátým cukrářským cukrem a necháme vychladnout.
e) Mezitím zjemníme sorbet a ušleháme smetanu. Po vychladnutí pusinky opatrně a rychle potřete sorbetem a poté šlehačkou. Srolujte s papírem jako podložkou a lehce zabalte do fólie.
f) Vraťte se do mrazáku. Před podáváním zmrazte asi 1 hodinu (nebo až několik dní), posypte cukrářským cukrem a ozdobte čerstvými jahodami a mátou.

9. Ledová malina & broskvová drobnost

SLOŽENÍ:
- 4 kusy koláče, nakrájené
- 4 až 8 polévkových lžic. sherry nebo Marsala
- 7 až 8 polévkových lžic. malinové želé
- 1 šálek čerstvých nebo mražených malin
- 2 pevné zralé broskve, oloupané a nakrájené na plátky
- 4 kopečky vanilkové zmrzliny, změkčující
- 1 šálek šlehačky těžké smetany
- čerstvé maliny a plátky broskví na ozdobu

INSTRUKCE:
a) Dort rozdrobte na dno 4 skleněných servírovacích misek nebo sklenic. Dort rovnoměrně posypte sherry nebo Marsalou.
b) Smíchejte želé a maliny a poté nalijte na koláč. Navrch dejte nakrájené broskve.
c) Změkčující zmrzlinu rozetřeme na broskve. Potřete šlehačkou a před podáváním zmrazte až 1 hodinu.
d) Až budete připraveni k podávání, navrch dejte pár kousků čerstvého ovoce.

ZMRZLINA

10.Levandulová botanická zmrzlina

SLOŽENÍ:
- 2 šálky husté smetany
- 1 šálek plnotučného mléka
- 3/4 šálku krystalového cukru
- 2 polévkové lžíce sušených poupat levandule (kulinářská kvalita)
- 5 velkých žloutků
- 1 lžička vanilkového extraktu

INSTRUKCE:
LOUHEJTE KRÉMU A MLÉKO:
a) V hrnci smíchejte smetanu, plnotučné mléko a sušená poupata levandule.
b) Směs zahříváme na středním plameni, dokud se nezačne vařit. Nevařte.
c) Jakmile se rozvaří, sundejte rendlík z plotny a nechte levanduli louhovat ve směsi asi 20-30 minut.
d) Po namáčení směs přeceďte přes jemné síto nebo plátýnko, abyste odstranili poupata levandule. Levanduli přitlačte, abyste získali co nejvíce chuti.

PŘIPRAVTE ZMRZLINOVÝ ZÁKLAD:
e) V samostatné misce šlehejte žloutky a cukr, dokud se dobře nespojí a mírně zhoustne.
f) Do vaječné směsi pomalu přilévejte smetanu s levandulí, za stálého šlehání, aby se vejce nesrazila.
g) Spojenou směs vraťte do hrnce.
h) Pudink vařte na středním plameni za stálého míchání, dokud nezhoustne natolik, aby se potáhl zadní stranou lžíce. To obvykle trvá asi 5-7 minut. Nenechte to vařit.
i) Pudink přeceďte přes jemné sítko do čisté misky, abyste odstranili zbytky vařených vajec nebo levandule.
j) Nechte pudink vychladnout na pokojovou teplotu. Proces můžete urychlit umístěním misky do ledové lázně.
k) Jakmile pudink vychladne, vmíchejte vanilkový extrakt.
l) Mísu zakryjte plastovým obalem a dejte do lednice alespoň na 4 hodiny nebo přes noc, aby se chutě propojily.

STÁLEJTE ZMRZLINU:

m) Vychlazenou směs nalijte do zmrzlinovače a šlehejte podle návodu výrobce.
n) Namletou zmrzlinu přendejte do nádoby s víkem a zmrazte na několik hodin nebo dokud neztuhne.
o) Naberte botanickou zmrzlinu do misek nebo kornoutů a vychutnejte si jedinečné chutě!

11. Meruňková zmrzlina Earl Grey

SLOŽENÍ:
- 1 šálek sušených meruněk
- ⅓ šálku plus 2 lžíce krystalového cukru
- ⅔ šálku vody
- 1 ½ šálku mléka
- 2 lžíce čajových lístků Earl Grey
- 1 ½ šálku husté smetany
- Špetka soli
- 4 žloutky
- 1 lžíce meruňkové pálenky nebo pomerančového likéru

INSTRUKCE:
a) V malém těžkém hrnci smíchejte meruňky, 2 lžíce cukru a vodu. Přiveďte k varu na mírném ohni. Snižte teplotu na mírně nízkou a vařte odkryté, dokud meruňky nezměknou, 10 až 12 minut.
b) Meruňky a veškerou zbývající tekutinu přendejte do kuchyňského robotu a rozmixujte dohladka, jednou nebo dvakrát seškrábněte stěny mísy. Dát stranou.
c) V těžké střední pánvi smíchejte mléko a čajové lístky. Zahřívejte na mírném ohni, dokud není mléko horké. Sundejte z plotny a nechte 5 minut louhovat. Mléko přecedíme přes jemný cedník.
d) Vraťte mléko do hrnce a přidejte hustou smetanu, zbývající ⅓ šálku cukru a sůl. Vařte na mírném ohni za častého míchání dřevěnou lžící, dokud se cukr úplně nerozpustí a směs nebude horká, 5 až 6 minut. Sundejte z plotny.
e) Ve střední misce šlehejte vaječné žloutky, dokud se nespojí. Postupně tenkým pramínkem zašleháme jednu třetinu horké smetany a poté směs vmícháme zpět do zbylé smetany v kastrůlku.
f) Vařte na mírném ohni za stálého míchání, dokud pudink lehce nepokryje zadní stranu lžíce, 5 až 7 minut; nenechat vařit.
g) Okamžitě stáhněte z ohně a sceďte pudink do středně velké mísy. Vložte misku do větší misky s ledem a vodou. Za občasného míchání necháme pudink vychladnout na pokojovou teplotu.
h) Všlehejte odložené meruňkové pyré a brandy, dokud se nespojí. Přikryjte a chlaďte do chladu, alespoň 6 hodin nebo přes noc.
i) Nalijte pudink do zmrzlinovače a zmrazte podle pokynů výrobce.

12. Datlová zmrzlina

SLOŽENÍ:
- ⅓ šálku nakrájených datlí bez pecky
- 4 lžíce rumu
- 2 vejce, oddělená
- ½ šálku krystalového cukru
- ⅔ šálku mléka
- 1 ½ šálku tvarohu
- Jemně nastrouhaná kůra a šťáva z 1 citronu
- ⅔ hrnku smetany, šlehačka
- 2 lžíce jemně nasekaného stonkového zázvoru

INSTRUKCE:
a) Datle namočíme na cca 4 hodiny do rumu. Do mísy dáme žloutky a cukr a ušleháme do zesvětlení. V hrnci zahřejte mléko na bod varu a poté vmíchejte do žloutků. Směs vraťte do propláchnuté pánve a na mírném ohni za stálého míchání vařte do zhoustnutí. Vychladíme za občasného míchání.
b) Tvaroh, citronovou kůru a šťávu a rum přecezené z datlí zpracujte v mixéru nebo kuchyňském robotu do hladka a poté smíchejte s pudinkem. Nalijte směs do nádoby, přikryjte a zmrazte, dokud neztuhne. Přendejte do mísy, dobře prošlehejte a poté vmíchejte šlehačku, datle a zázvor. Z bílků ušleháme v míse tuhý, ale ne suchý sníh a vmícháme do ovocné směsi. Lžící nalijte směs zpět do nádoby. Zakryjte a zmrazte do zpevnění.
c) Asi 30 minut před podáváním přendejte zmrzlinu do lednice.

13. Zlatý Fík Led S Rumem

SLOŽENÍ:
- 150 g sušených fíků připravených k přímé spotřebě
- 250 g kartonového sýra mascarpone
- 200g karton řeckého jogurtu
- 2 lžíce světlého cukru muscovado
- 2 lžíce tmavého rumu

INSTRUKCE:
a) Vložte fíky do kuchyňského robotu nebo mixéru. Přidejte sýr mascarpone, jogurt, cukr a rum. Rozmixujte do hladka, v případě potřeby seškrábejte po stranách.
b) Přikryjte a chlaďte asi 30 minut do vychladnutí.
c) Směs přendejte do zmrzlinovače a zmrazte podle návodu.
d) Přeneste do vhodné nádoby a zmrazte, dokud není potřeba.

14. Zmrzlina z čerstvého zázvoru

SLOŽENÍ:

- 2 šálky husté smetany
- 1 šálek plnotučného mléka
- ¾ šálku cukru
- 1 (3-palcový) kousek čerstvého kořene zázvoru, oloupaný a nahrubo nasekaný
- 1 velké vejce
- 3 velké žloutky
- 1 lžička vanilkového extraktu

INSTRUKCE:

a) Ve velkém hrnci smíchejte smetanu, mléko, cukr a zázvor. Přiveďte k varu a míchejte, dokud se cukr nerozpustí. Odstraňte z tepla. Zakryjte a nechte vychladnout na pokojovou teplotu. Směs přeceďte, abyste odstranili celý kořen zázvoru.
b) Mléčnou směs přiveďte zpět k varu.
c) Ve velké míse ušlehejte vejce a žloutky. Když se mléčná směs vaří, stáhněte ji z ohně a velmi pomalu ji za stálého šlehání vlijte do vaječné směsi, aby se temperovala.
d) Když přidáte veškerou mléčnou směs, vraťte ji do hrnce a pokračujte ve vaření na středním plameni za stálého míchání, dokud směs nezhoustne natolik, aby pokryla zadní stranu lžíce, 2 až 3 minuty. Odstraňte z ohně a zašlehejte vanilku.
e) Mléčnou směs zakryjte a nechte vychladnout na pokojovou teplotu, poté chlaďte, dokud dobře nevychladne, 3 až 4 hodiny nebo přes noc. Vychlazenou směs nalijte do zmrzlinovače a zmrazte podle návodu.
f) Přeneste zmrzlinu do nádoby vhodné do mrazáku a vložte do mrazáku. Před podáváním nechte 1 až 2 hodiny ztuhnout.

15. Čerstvá broskvová zmrzlina

SLOŽENÍ:

- 2 lžíce neochucené želatiny
- 3 šálky mléka, rozdělené
- 2 šálky krystalového cukru
- 1/4 lžičky soli
- 6 vajec
- 1 1/2 šálku půl na půl
- 1 malá krabička vanilkového instantního pudinku
- 1 polévková lžíce plus 2 lžičky vanilkového extraktu
- 4 šálky drcených broskví

INSTRUKCE:

a) Změkčte želatinu v 1/2 šálku studeného mléka. Opařte další 1 1/2 šálku mléka. Vmíchejte želatinovou směs, dokud se nerozpustí. Přidejte cukr, sůl a zbývající 1 hrnek mléka.
b) Vejce šlehejte na vysoké rychlosti mixéru po dobu 5 minut. Přidejte půl na půl, pudingovou směs, vanilkový extrakt a směs želatiny. Dobře promíchejte. Vmícháme broskve.
c) Zmrazte v mrazáku na zmrzlinu podle pokynů výrobce. Zrát 2 hodiny.

ŽELATÁ

16. Gelato Di Crema

SLOŽENÍ:
- 2 ½ šálků světlé smetany
- 5 žloutků
- ½ šálku superjemného cukru

INSTRUKCE:
a) Smetanu zahřejte, dokud nezačne bublat, poté mírně vychladněte.
b) Ve velké žáruvzdorné míse ušlehejte žloutky a cukr, dokud nebudou husté a krémové. Chladnoucí smetanu jemně zašlehejte do vajec.
c) Umístěte misku na pánev s mírně vroucí vodou a míchejte dřevěnou lžící, dokud pudink nepokryje zadní část lžíce. Vyjměte misku a nechte ji vychladnout.
d) Po úplném vychladnutí pudinku nalijte do zmrzlinovače a zpracujte podle pokynů výrobce nebo použijte metodu ručního míchání. Přestaňte stloukat, když je téměř tuhá, přeneste ji do mrazicí nádoby a před podáváním nebo dokud nebudete potřebovat, nechte 15 minut v mrazničce.
e) Toto gelato se nejlépe konzumuje čerstvé, ale lze ho zmrazit až 1 měsíc. Vyndejte alespoň 15 minut před podáváním, aby trochu změkla.

17. Pistáciové gelato

SLOŽENÍ:
- 2 šálky vyloupaných pistácií
- pár kapek čistého mandlového extraktu
- pár kapek čistého vanilkového extraktu
- 1 recept gelato di crema

INSTRUKCE:
a) Vyloupané pistácie namočte na 5 minut do vroucí vody, poté sceďte a setřete slupky čistým hadříkem. Rozemlejte ořechy na pastu v mixéru nebo kuchyňském robotu s několika kapkami mandlového a vanilkového extraktu a přidejte jen velmi málo horké vody, abyste vytvořili hladké pyré.
b) Připravte si základní gelato nebo některou z jeho variací. Pyré vmícháme do gelata, ochutnáme a podle potřeby přidáme ještě pár kapek jednoho nebo obou extraktů podle potřeby.
c) Nalijte do zmrzlinovače a zpracujte podle návodu výrobce nebo do mrazicí nádoby a použijte metodu ručního míchání . Přestaňte stloukat, když je téměř tuhá, přeneste ji do mrazicí nádoby a před podáváním nebo dokud nebudete potřebovat, nechte 15 minut v mrazničce.
d) Taková bohatá ořechová zmrzlina by se neměla zmrazovat déle než několik týdnů. 15 minut před podáváním vyndejte z mrazáku, aby trochu změkl.
e)

18. Gelato z hořké čokolády

SLOŽENÍ:
- 2 ½ šálků plnotučného mléka
- 7 uncí hořká čokoláda, nalámaná na kousky
- 5 žloutků
- ¼ šálku světle hnědého cukru
- 1 šálek husté smetany, vyšlehané

INSTRUKCE:
a) Polovinu mléka zahřejte na pánvi s čokoládou, dokud se nerozpustí a nebude hladká, za občasného míchání. Dejte stranou vychladnout. Zbytek mléka přiveďte téměř k varu. Ve velké žáruvzdorné míse ušlehejte žloutky a cukr do zhoustnutí, poté postupně zašlehejte horké mléko.
b) Umístěte misku na pánev s vroucí vodou a míchejte dřevěnou lžící, dokud pudink nepokryje zadní část lžíce.
c) Stáhneme z plotny a necháme úplně vychladnout.
d) Po vychladnutí smíchejte pudink a čokoládové mléko a poté vmíchejte šlehačku. Nalijte do zmrzlinovače a zpracujte podle návodu výrobce nebo nalijte do mrazicí nádoby a použijte metodu ručního míchání.
e) Šlehejte pouze 15 až 20 minut nebo dokud neztuhne. Před podáváním nebo dokud nebude potřeba, přendejte do mrazničky a na 15 minut zmrazte.
f) Toto hustě strukturované gelato se nejlépe konzumuje čerstvé, ale lze ho zmrazit až na 1 měsíc.
g) Vyndejte alespoň 15 minut před podáváním, aby trochu změkla.

19. Malinové Ripple Gelato

SLOŽENÍ:
- 4 šálky čerstvých malin
- ¼ šálku superjemného cukru
- 1 lžička citronová šťáva
- 1 recept gelato di crema

INSTRUKCE:
a) Vyjměte ¼ šálku malin a krátce je rozdrťte. Dát stranou. Smíchejte zbývající bobule, cukr a citronovou šťávu. Prolisujte přes síto. 4 polévkové lžíce pyré si dejte vychladit.
b) Připravte si základní recept na gelato di crema. Do vychladlého pudinku vmícháme malinové pyré. Svařte nebo zmrazte jako předtím, dokud nebude téměř tuhá.
c) Gelato přendejte do vzduchotěsné mrazicí nádoby a přidávejte střídavě lžíci odloženého ovocného protlaku a drcených malin, aby se směs při podávání zvlnila. Zmrazte na 15 minut nebo dokud není potřeba.
d) Toto gelato lze zmrazit asi 1 měsíc. Vyjměte z mrazáku alespoň 15 minut před podáváním, aby změkly, protože celé plody mohou znesnadnit podávání.

20. Citronové gelato

SLOŽENÍ:
- 1 recept lehké gelato
- 2 nevoskované citrony

INSTRUKCE:
a) Připravte si základní světlé gelato a poté vmíchejte jemně nastrouhanou kůru z citronů a alespoň ½ šálku citronové šťávy.
b) Nalijte do zmrzlinovače a zpracujte podle návodu výrobce nebo použijte metodu ručního míchání . Přestaňte stloukat, když je téměř tuhá, přeneste ji do mrazicí nádoby a před podáváním nebo dokud nebudete potřebovat, nechte 15 minut v mrazničce.
c) Toto gelato se nejlépe konzumuje čerstvé, ale lze ho zmrazit až 1 měsíc. 15 minut před podáváním vyndejte z mrazáku, aby trochu změkl.

21. Tutti-Frutti Gelato

SLOŽENÍ:
- 1 recept gelato di crema
- 1 šálek nakrájeného kandovaného ovoce (třešně, ananas, citrusová kůra, zázvor)

INSTRUKCE:
a) Připravte základní gelato a šlehejte do částečného zmrazení. Smíchejte s vámi preferované ovoce a zmrazte, dokud nebudete potřebovat.
b) I když se nejlépe konzumuje čerstvé, lze toto gelato zmrazit až na 1 měsíc. 15 minut před podáváním vyndejte z mrazáku, aby trochu změkl.

22. Kávové gelato

SLOŽENÍ:
- 1 ¼ šálku světlé smetany
- 5 žloutků
- ½ šálku superjemného cukru
- 1 lžička čistý vanilkový extrakt
- 1 ¼ šálku čerstvě uvařeného extra silného espressa

INSTRUKCE:
a) Smetanu zahřejte, dokud nezačne bublat, poté mírně vychladněte.
b) Ve velké žáruvzdorné míse ušlehejte žloutky, cukr a vanilku, dokud nebudou husté a krémové. Přišlehejte horkou smetanu a kávu a poté misku postavte nad pánev s mírně vroucí vodou. Neustále míchejte dřevěnou lžící, dokud pudink nepokryje zadní část lžíce.
c) Odstraňte misku z plotny a nechte ji vychladnout. Po úplném vychladnutí nalijte do zmrzlinovače a zpracujte podle návodu výrobce nebo použijte metodu ručního míchání . Přestaňte stloukat, když je téměř tuhá, přeneste ji do mrazicí nádoby a před podáváním nebo dokud nebudete potřebovat, nechte 15 minut v mrazničce.
d) Toto gelato je vynikající čerstvé, ale lze ho zmrazit až 3 měsíce. 15 minut před podáváním vyndejte, aby trochu změkla.

23.Kumquat Gelato

SLOŽENÍ:
- 2 šálky nakrájených kumquatů
- 2 polévkové lžíce. tmavý rum nebo pomerančový džus
- 3 polévkové lžíce. světle hnědý cukr
- 2 až 3 polévkové lžíce. horká voda
- 1 recept gelato di crema

INSTRUKCE:
a) Kumquaty uvařte na malé pánvi s rumem, hnědým cukrem a horkou vodou. Nechte je jemně probublávat, dokud nezezlátnou a nezískají sirup. Odstraňte z tepla. 2 lžíce ovoce v sirupu si dejte stranou, pokud jím chcete gelato ozdobit. Chladný.
b) Připravte si základní gelato a před stloukáním do něj vmíchejte vychladlé ovoce. Tato směs zabere jen asi polovinu obvyklé doby zmrazení.
c) Při podávání navrch dejte odložené ovoce.
d) Tato zmrzlina může být skladována až 1 měsíc v mrazáku. Nezapomeňte ho vyjmout 15 minut před podáváním, aby trochu změkl.

24. Mandlové amaretto gelato

SLOŽENÍ:
- 4 šálky husté smetany
- 5 žloutků
- 1 šálek krystalového cukru
- 1 šálek drcených blanšírovaných mandlí
- 1 lžíce likéru Amaretto

INSTRUKCE:
a) Smetanu nalijeme do hrnce a mírně zahřejeme.
b) Vyšlehejte žloutky a cukr dohromady, dokud nejsou bledé a krémové. Do vaječné směsi zašlehejte 2 lžíce horké smetany, poté po půl šálku zašlehejte zbývající smetanu.
c) Nalijte do dvojitého hrnce nebo do misky postavené nad pánví s vroucí vodou a vařte na mírném ohni za stálého míchání 15 až 20 minut, dokud se směs nepokryje zadní stranou lžíce. Směs ochlaďte a poté ochlaďte.
d) Vychlazenou směs nalijte do zmrzlinovače a šlehejte podle návodu výrobce. Zatímco se lopatka stlouká, přidejte mandle a Amaretto a přes noc zmrazte gelato.
e) Před podáváním dejte asi na 20 minut do lednice.

25.Ovesná skořicová zmrzlina

SLOŽENÍ:
- Prázdný zmrzlinový základ
- 1 šálek ovsa
- 1 lžička mleté skořice

INSTRUKCE:
a) Připravte prázdnou základnu podle pokynů.
b) V malé pánvi na středním ohni smíchejte oves a skořici. Opékejte za pravidelného míchání po dobu 10 minut, nebo dokud nezhnědnou a nebudou aromatické.
c) Chcete-li vyluhovat, přidejte do základu opečenou skořici a oves, když se stahují ze sporáku, a nechte je asi 30 minut louhovat. Použití síta nad mísou; sceďte pevné látky a prolisujte, abyste získali co nejvíce ochucené smetany. Může proniknout trocha ovesné dužiny, ale to nevadí – je to vynikající! Zarezervujte si sušinu z ovesných vloček pro recept na ovesné vločky!
d) Směs uchovávejte přes noc v lednici. Když jste připraveni vyrobit zmrzlinu, znovu ji rozmixujte ponorným mixérem, dokud nebude hladká a krémová.
e) Nalijte do zmrzlinovače a zmrazte podle pokynů výrobce. Uchovávejte ve vzduchotěsné nádobě a zmrazte přes noc.

26. Dvojité čokoládové gelato

SLOŽENÍ:
- ½ šálku husté smetany
- 2 šálky mléka
- ¾ šálku cukru
- ¼ lžičky soli
- 7 uncí vysoce kvalitní tmavé čokolády
- 1 lžička vanilkového extraktu
- Kokosové máslo

INSTRUKCE:
a) Prvním krokem je rozpuštění čokolády a následné ochlazení. Mléko, smetanu a máslo dejte do mísy a míchejte, dokud se dobře nespojí.
b) Vmíchejte cukr pomocí metly a soli. Pokračujte ve šlehání asi 4 minuty, dokud se cukr a sůl nerozpustí. Poté vmícháme vanilkový extrakt.
c) Nakonec vmícháme čokoládu, dokud se dobře nespojí. Nalijte ingredience do vašeho zmrzlinovače a nechte 25 minut louhovat.
d) Vložte gelato do vzduchotěsné nádoby a umístěte jej do mrazáku až na 2 hodiny, dokud nedosáhnete požadované konzistence.

27. Višňovo-jahodové gelato

SLOŽENÍ:
- ½ šálku husté smetany
- 2 šálky mléka
- ¾ šálku cukru
- Kokosové máslo
- 1 šálek nakrájených jahod
- 1 lžíce vanilkového extraktu

INSTRUKCE:
a) Pomocí mixéru jahody důkladně rozmixujte na kaši. Mléko, smetanu a máslo dejte do mísy a míchejte, dokud se dobře nespojí. Pomocí metličky vmícháme cukr.
b) Pokračujte ve šlehání asi 4 minuty, dokud se cukr nerozpustí. Poté vmícháme vanilkový extrakt a jahodové pyré.
c) Nalijte ingredience do vašeho zmrzlinovače a nechte 25 minut louhovat.
d) Vložte gelato do vzduchotěsné nádoby a umístěte jej do mrazáku až na 2 hodiny, dokud nedosáhnete požadované konzistence.

28.Limetkové Gelato S Chia Semínky

SLOŽENÍ:
- Nastrouhaná kůra a šťáva ze 4 limetek
- ¾ šálku cukru
- šálky půl na půl
- velké vaječné žloutky
- 1¼ šálku husté smetany
- ⅔ šálku chia semínek

INSTRUKCE:
a) V kuchyňském robotu asi 5krát přepulujte limetkovou kůru a cukr, aby se z kůry extrahovaly oleje. Limetkový cukr přendejte do misky.
b) Částečně naplňte velkou misku ledem a vodou, vložte střední misku do ledové vody a navrch nasaďte jemné sítko.
c) V hrnci smíchejte ½ šálku limetkového cukru a půl a půl. Přiveďte k varu na středním plameni a míchejte, aby se cukr rozpustil.
d) Mezitím přidejte žloutky ke zbývajícímu limetkovému cukru v míse a promíchejte, aby se spojily.
e) Do žloutků za stálého šlehání postupně nabíráme asi polovinu horké půl na půl směsi a poté tuto směs zašleháme do půl na půl v kastrůlku.
f) Vařte za stálého míchání, dokud není pudink dostatečně hustý, aby pokryl zadní stranu lžíce, asi 5 minut.
g) Přes cedník nalijte pudink do připravené mísy a míchejte, dokud nevychladne.
h) Vmíchejte limetkovou šťávu, smetanu a chia semínka. Vyjměte misku z ledové lázně, přikryjte a chlaďte, dokud pudink nevychladne, alespoň 2 hodiny nebo až 4 hodiny.
i) Zmrazte a stlučte ve výrobníku zmrzliny podle pokynů výrobce. Pro jemnou konzistenci zmrzlinu ihned podávejte; pro tužší konzistenci přendáme do nádoby, přikryjeme a dáme na 2 až 3 hodiny ztuhnout do mrazáku.

29. Toblerone Gelato

SLOŽENÍ:
- 24 uncí plnotučného mléka
- 2,7 unce hnědého cukru
- 3 polévkové lžíce kukuřičného škrobu
- 2 polévkové lžíce kakaového prášku
- 1 ½ polévkové lžíce medu
- ¾ lžičky košer soli
- 2 unce změklého smetanového sýra
- Tři 3,5 oz tyčinky tmavého Toblerone, nasekané
- 1 polévková lžíce vanilky
- 1 ½ lžičky Amaretto
- 1 bar Toblerone, nakrájený na malé kousky

INSTRUKCE:
a) V hrnci se silným dnem prošlehejte mléko, cukr, kukuřičný škrob, kakaový prášek, med a sůl. Zahřívejte na středním až středně vysokém ohni za stálého míchání, dokud směs nepřijde k varu.

b) Nechte základ vařit 10-15 sekund a poté nalijte do misky se smetanovým sýrem a 3 tyčinkami nakrájeného Toblerone. Přidejte vanilku a amaretto a nechte minutu odstát, aby se rozpustil sýr a čokoláda.

c) Šlehejte základ, dokud se čokoláda a sýr nerozpustí. V základu budou malé kousky mandlí.

d) Nalijte základ do mixéru a rozmixujte do hladka.

e) Sceďte základ do kovové misky umístěné uvnitř větší misky naplněné ledovou vodou.

f) Občas promíchejte, dokud teplota nepřesáhne 40 F.

g) Rozdrťte základnu podle pokynů výrobce. Když je zmrzlina měkká, podávejte. přidejte poslední tabulku jemně nasekané čokolády a šlehejte další 2 minuty, dokud se cukroví rovnoměrně nerozloží.

h) Zabalte do nádoby. Přitiskněte plastový obal přímo na povrch zmrzliny a zmrazte na 4-6 hodin nebo přes noc.

30.Čokoládová Nutella Gelato

SLOŽENÍ:
- ⅓ šálku husté smetany
- 1 ⅓ šálku 2% mléka
- ½ šálku krystalového cukru
- 2 lžíce Nutelly
- 2-3 lžíce mini hořkých čokoládových lupínků

INSTRUKCE:
a) Do střední až velké mísy přidejte smetanu, mléko a cukr šlehejte na střední rychlost po dobu 20 sekund, poté nalijte do výrobníku gelato.
b) Když je gelato téměř hotové, přidejte Nutellu a čokoládové lupínky a pokračujte ve zmrzlinovači, dokud nedosáhnete požadované krémovosti.

31. Cherry Gelato

SLOŽENÍ:
- 2 šálky plnotučného mléka
- 5 žloutků
- 1 šálek cukru
- 1 šálek husté smetany
- 1 lžička vanilky
- 2 lžičky strouhaného pomeranče
- 1 libra vypeckovaných třešní

INSTRUKCE:
a) Ve středním hrnci ušlehejte žloutky a cukr a zahřívejte, dokud se cukr nerozpustí. Přidejte mléko, nastrouhaný pomeranč a smetanu a šlehejte, dokud se nespojí.
b) Vařte na středním plameni za stálého šlehání po dobu 8–10 minut, dokud nezhoustne.
c) Odstraňte z tepla.
d) Přidejte třešně a dobře promíchejte v kuchyňském robotu. Vmíchejte rozmixované třešně a vanilku. Přelijte přes jemné sítko do plastové misky. Přikryjte a dejte přes noc do lednice.
e) Vložte směs do zmrzlinovače podle pokynů výrobce.
f) Zmrazte, dokud nebudete připraveni k podávání.

32. Blackberry Gelato

SLOŽENÍ:
- 2 šálky plnotučného mléka
- 4 žloutky
- 1 šálek cukru
- ½ šálku husté smetany
- ½ lžičky soli
- 2 šálky ostružin

INSTRUKCE:
a) Ostružiny propasírujte přes jemné síto umístěné nad mixovací nádobou. Použijte zadní část lžíce k protlačení dužiny sítem, abyste odstranili šťávu a dužinu bez použití semen. Dát stranou.
b) Ve středním hrnci ušlehejte žloutky a cukr a zahřívejte, dokud se cukr nerozpustí. Přidejte mléko, sůl a smetanu a šlehejte, dokud se nespojí.
c) Vařte na středním plameni za stálého šlehání po dobu 8–10 minut, dokud nezhoustne.
d) Odstraňte z tepla.
e) Vmícháme ostružinovou šťávu a dužinu. Přelijte přes jemné sítko do plastové misky. Přikryjte a dejte přes noc do lednice.
f) Vložte směs do zmrzlinovače podle pokynů výrobce.
g) Zmrazte, dokud nebudete připraveni k podávání.

33. Malinové gelato

SLOŽENÍ:
- 2 šálky plnotučného mléka
- 4 žloutky
- 1 ¼ šálku cukru
- 1 šálek husté smetany
- 1 lžička soli
- 2 šálky malin

INSTRUKCE:
a) Maliny propasírujte přes sítko (nejlépe síto) umístěné nad mixovací nádobou. Poté propasírujte přes cedník, abyste odstranili šťávu tak, že vezmete zadní část lžíce a stisknete ji. Tím zůstane dužnina bez použití jakýchkoli semen. Dát stranou.
b) Ve středním hrnci smíchejte pouze žloutky a cukr šleháním a rozpusťte cukr, dokud se dobře nerozpustí. Přidejte mléko, sůl a smetanu a šlehejte, dokud se nespojí.
c) Vařte na středním plameni za stálého šlehání po dobu 8–10 minut, dokud nezhoustne.
d) Odstraňte z tepla.
e) Vmícháme malinovou šťávu a dužinu. Přelijte přes jemné sítko do plastové misky. Přikryjte a dejte přes noc do lednice.
f) Vložte směs do zmrzlinovače podle pokynů výrobce.
g) Zmrazte, dokud nebudete připraveni k podávání.

34. Borůvkové gelato

SLOŽENÍ:
- 2 šálky plnotučného mléka
- 5 žloutků
- 1 šálek cukru
- ½ šálku husté smetany
- 1 lžička soli
- 2 šálky borůvek
- 1 ½ lžičky citronové šťávy

INSTRUKCE:
a) Ve středním hrnci ušlehejte žloutky a cukr a zahřívejte, dokud se cukr nerozpustí. Přidejte mléko, sůl a smetanu a šlehejte, dokud se nespojí.
b) Vařte na středním plameni za stálého šlehání po dobu 8–10 minut, dokud nezhoustne.
c) Sundejte z plotny.
d) Vložte borůvky a citronovou šťávu do kuchyňského robotu a zpracujte, dokud se nerozmixují. Do tekutiny vmícháme borůvkovou citronovou směs. Přelijte přes jemné sítko do plastové misky. Přikryjte a dejte přes noc do lednice.
e) Vložte směs do zmrzlinovače podle pokynů výrobce.
f) Zmrazte, dokud nebudete připraveni k podávání.

35.Mango Gelato

SLOŽENÍ:
- 2 šálky plnotučného mléka
- 4 žloutky
- 1 šálek cukru
- 1 šálek husté smetany
- 1 lžička soli
- 2 šálky mangového pyré
- 1 ½ lžíce kukuřičného škrobu

INSTRUKCE:
a) Ve středním hrnci ušlehejte žloutky a cukr a zahřívejte, dokud se cukr nerozpustí. Přidejte mléko, sůl a smetanu a šlehejte, dokud se nespojí.
b) Vařte na středním plameni za stálého šlehání po dobu 8–10 minut, dokud nezhoustne.
c) Odstraňte z tepla.
d) Vložte mango a kukuřičný škrob do kuchyňského robotu a zpracujte, dokud se nerozmixují. Do tekutiny vmícháme mangovou směs. Přelijte přes jemné sítko do plastové misky. Přikryjte a dejte přes noc do lednice.
e) Vložte směs do zmrzlinovače podle pokynů výrobce.
f) Zmrazte, dokud nebudete připraveni k podávání.

36.Gelato s arašídovým máslem

SLOŽENÍ:
- 2 šálky plnotučného mléka
- 5 žloutků
- ⅔ šálku cukru
- 1 ½ šálku husté smetany
- 1 lžička soli
- 1 lžička vanilky
- ⅔ šálek arašídového másla

INSTRUKCE:
a) Ve středním hrnci ušlehejte žloutky a cukr a zahřívejte, dokud se cukr nerozpustí. Přidejte mléko, sůl a smetanu a šlehejte, dokud se nespojí.
b) Vařte na středním plameni za stálého šlehání po dobu 8–10 minut, dokud nezhoustne.
c) Odstraňte z tepla.
d) Do tekutiny vmíchejte arašídové máslo a vanilku. Přelijte přes jemné sítko do plastové misky. Přikryjte a dejte přes noc do lednice.
e) Vložte směs do zmrzlinovače podle pokynů výrobce.
f) Zmrazte, dokud nebudete připraveni k podávání.

37. Gelato z lískových oříšků

SLOŽENÍ:
- 2 šálky plnotučného mléka
- 5 žloutků
- ⅓ šálku cukru
- 1 ½ šálku husté smetany
- 1 lžička soli
- 1 lžička vanilky
- 1 šálek pražených lískových ořechů

INSTRUKCE:
a) Ve středním hrnci ušlehejte žloutky a cukr a zahřívejte, dokud se cukr nerozpustí. Přidejte mléko, sůl a smetanu a šlehejte, dokud se nespojí.
b) Vařte na středním plameni za stálého šlehání po dobu 8–10 minut, dokud nezhoustne.
c) Odstraňte z tepla.
d) Opražené lískové oříšky vložíme do kuchyňského robotu a pulsujeme. Do tekutiny vmícháme lískový oříšek a vanilku. Přelijte přes jemné sítko do plastové misky. Přikryjte a dejte přes noc do lednice.
e) Vložte směs do zmrzlinovače podle pokynů výrobce.
f) Zmrazte, dokud nebudete připraveni k podávání.

38.Smíšené Berry Gelato

SLOŽENÍ:
- 2 šálky plnotučného mléka
- 4 žloutky
- ½ šálku cukru
- 1 šálek husté smetany
- 1 lžička soli
- 1 lžička vanilky
- ½ šálku borůvek
- ½ šálku malin

INSTRUKCE:
a) Maliny propasírujte přes sítko (nejlépe síto) umístěné nad mixovací nádobou. Použijte zadní část lžíce k protlačení dužiny sítem, abyste odstranili šťávu a dužinu bez použití semen. Dát stranou.
b) Ve středním hrnci ušlehejte žloutky a cukr a zahřívejte, dokud se cukr nerozpustí. Přidejte mléko, sůl a smetanu a šlehejte, dokud se nespojí.
c) Vařte na středním plameni za stálého šlehání po dobu 8–10 minut, dokud nezhoustne.
d) Sundejte z plotny.
e) Vanilku, borůvky a malinovou šťávu a dužinu dejte do kuchyňského robotu a pulsujte, dokud se nespojí. Do tekutiny vmíchejte směs bobulí a vanilky. Přelijte přes jemné sítko do plastové misky. Přikryjte a dejte přes noc do lednice.
f) Vložte směs do zmrzlinovače podle pokynů výrobce.
g) Zmrazte, dokud nebudete připraveni k podávání.

39. Kokosové gelato

SLOŽENÍ:
- 5 žloutků
- 2 šálky kokosového mléka
- 1 šálek cukru
- 1 šálek husté smetany
- 1 lžička soli
- 1 lžička vanilky
- kokosová voda z jednoho čerstvého kokosu
- ½ šálku strouhaného slazeného kokosu

INSTRUKCE:
a) Ve středně velké pánvi ušlehejte žloutky, kokosovou vodu z čerstvého kokosu a cukr a zahřívejte, dokud se cukr nerozpustí. Přidejte kokosové mléko, sůl a smetanu a šlehejte, dokud se nespojí.
b) Vařte na středním plameni za stálého šlehání po dobu 8–10 minut, dokud nezhoustne.
c) Sundejte z plotny.
d) Do tekutiny vmíchejte kokosové vločky a vanilkovou směs. Přelijte přes jemné sítko do plastové misky. Přikryjte a dejte přes noc do lednice.
e) Vložte směs do zmrzlinovače podle pokynů výrobce.
f) Zmrazte, dokud nebudete připraveni k podávání.

40. Dýňové gelato

SLOŽENÍ:
- 2 šálky plnotučného mléka
- 4 žloutky
- 1 šálek cukru
- 1 šálek husté smetany
- 1 lžička soli
- 1 lžička vanilky
- 1 šálek dýňového pyré
- 1 lžička skořice
- ¼ šálku hnědého cukru

INSTRUKCE:
a) Ve středním hrnci ušlehejte žloutky a cukr a zahřívejte, dokud se cukr nerozpustí. Přidejte mléko, sůl a smetanu a šlehejte, dokud se nespojí.
b) Vařte na středním plameni za stálého šlehání po dobu 8–10 minut, dokud nezhoustne.
c) Sundejte z plotny.
d) Hnědý cukr, skořici, dýňové pyré a vanilku vyšlehejte dohromady a poté je vmíchejte do tekutiny. Přelijte přes jemné sítko do plastové misky. Přikryjte a dejte přes noc do lednice.
e) Vložte směs do zmrzlinovače podle pokynů výrobce.
f) Zmrazte, dokud nebudete připraveni k podávání.

41. Ananas A Kokos Gelato

SLOŽENÍ:
- 2 šálky kokosového mléka
- 5 žloutků
- 1 šálek cukru
- 1 šálek husté smetany
- 1 lžička soli
- 1 lžička vanilky
- 1 – 20 uncová plechovka drceného ananasu – nevylévat!
- ½ šálku strouhaného a oslazeného kokosu

INSTRUKCE:
a) Ve středním hrnci ušlehejte žloutky a cukr a zahřívejte, dokud se cukr nerozpustí. Přidejte kokosové mléko, sůl a smetanu a šlehejte, dokud se nespojí.
b) Vařte na středním plameni za stálého šlehání po dobu 8–10 minut, dokud nezhoustne.
c) Sundejte z plotny.
d) Do kuchyňského robotu dejte drcené ananasy, ananasovou šťávu z plechovky, vanilku a strouhaný kokos. Zpracujte, dokud se nesmíchá, a vmíchejte do tekutiny. Přelijte přes jemné sítko do plastové misky. Přikryjte a dejte přes noc do lednice.
e) Vložte směs do zmrzlinovače podle pokynů výrobce.
f) Zmrazte, dokud nebudete připraveni k podávání.

42. Limonádové gelato

SLOŽENÍ:
- 2 šálky mléka
- 5 žloutků
- 1 šálek cukru
- 1 šálek husté smetany
- 1 lžička soli
- ¾ šálku citronové šťávy
- 3 lžíce citronové kůry

INSTRUKCE:
a) Ve středním hrnci ušlehejte žloutky a cukr a zahřívejte, dokud se cukr nerozpustí. Přidejte mléko, sůl a smetanu a šlehejte, dokud se nespojí.
b) Vařte na středním plameni za stálého šlehání po dobu 8–10 minut, dokud nezhoustne.
c) Sundejte z plotny.
d) Do tekutiny vmícháme citronovou šťávu a citronovou kůru. Přelijte přes jemné sítko do plastové misky. Přikryjte a dejte přes noc do lednice.
e) Vložte směs do zmrzlinovače podle pokynů výrobce.
f) Zmrazte, dokud nebudete připraveni k podávání.

43.Avokádové gelato

SLOŽENÍ:
- 2 šálky mléka
- 4 žloutky
- 1 šálek cukru
- 1 šálek husté smetany
- 1 lžička soli
- Oloupejte dva pomeranče
- 2 oloupaná a vypeckovaná avokáda
- 1 lžička vanilkového extraktu

INSTRUKCE:
a) Ve středním hrnci ušlehejte žloutky a cukr a zahřívejte, dokud se cukr nerozpustí. Přidejte mléko, sůl a smetanu a šlehejte, dokud se nespojí.
b) Vařte na středním plameni za stálého šlehání po dobu 8–10 minut, dokud nezhoustne.
c) Sundejte z plotny.
d) Vložte avokádo, pomerančovou kůru a vanilku do kuchyňského robotu. Zpracovává se až do smíchání. Poté nalijte do tekutiny.
e) Přelijte přes jemné sítko do plastové misky. Přikryjte a dejte přes noc do lednice.
f) Vložte směs do zmrzlinovače podle pokynů výrobce.
g) Zmrazte, dokud nebudete připraveni k podávání.

44.Gelato z hořké čokolády

SLOŽENÍ:
- 2 šálky mléka
- 4 žloutky
- 1 šálek husté smetany
- 1 šálek cukru
- 1 lžička soli
- 1 lžička vanilky
- ½ šálku neslazeného tmavého kakaového prášku
- 6 uncí jemně nasekané tmavé čokolády

INSTRUKCE:
a) Ve středním hrnci ušlehejte žloutky a cukr a zahřívejte, dokud se cukr nerozpustí. Přidejte mléko, sůl a smetanu a šlehejte, dokud se nespojí.
b) Vařte na středním plameni. Přidejte hořkou čokoládu a míchejte, dokud se čokoláda nerozpustí. Pokračujte ve vaření za stálého šlehání po dobu 8–10 minut, dokud nezhoustne.
c) Odstraňte z tepla.
d) Vmíchejte kakaový prášek a vanilku. Přelijte přes jemné sítko do plastové misky. Přikryjte a dejte přes noc do lednice.
e) Vložte směs do zmrzlinovače podle pokynů výrobce.
f) Zmrazte, dokud nebudete připraveni k podávání.

45. Karamelové gelato

SLOŽENÍ:
- 2 šálky plnotučného mléka
- ¼ šálku vaječných žloutků
- ¼ šálku bílého krystalového cukru
- ¼ lžičky vanilkového extraktu
- ½ šálku karamelové omáčky
- 1 šálek husté smetany
- ⅛ lžičky soli

INSTRUKCE:
a) Smíchejte plnotučné mléko a hustou smetanu v malém hrnci a přiveďte k varu na středním plameni. Vypněte teplo hned, jak se vaří, a sundejte pánev z horké varné desky.
b) Přidejte karamelovou omáčku do mléčné směsi a promíchejte, aby se spojila.
c) Zatímco čekáte, až se směs smetany a mléka uvaří, šlehejte žloutky a cukr, dokud nezblednou a nezpění. K provedení tohoto kroku možná budete chtít použít elektrický mixér, protože budete muset chvíli šlehat!
d) Zatímco šleháte žloutky, do žloutků pomalu přilévejte horkou mléčnou směs za stálého šlehání a přilévání, abyste omylem neuvařili vejce teplem z mléka.
e) Přidejte směs mléka a vajec zpět do hrnce a vraťte se na sporák a vařte na mírném ohni, dokud není směs dostatečně hustá, aby pokryla zadní stranu lžíce. ale přitom se musíte ujistit, že budete míchat. Nenechte mléko vařit a pokud uvidíte, že se ve směsi začnou tvořit hrudky, stáhněte směs z ohně a propasírujte ji přes sítko.
f) Gelato mix necháme v lednici zcela zakryté vychladit alespoň 4 hodiny nebo pokud možno přes noc.
g) Jakmile směs gelato vychladne, nalijte ji do stroje na zmrzlinu a zmrazte gelato podle pokynů stroje na zmrzlinu. Gelato bude mít texturu měkké servírované zmrzliny, až bude hotové ve zmrzlinovém stroji. V této fázi jej naberte do nádoby vhodné do mrazáku a dejte do mrazáku alespoň na dvě hodiny. Podávejte pěkně vychlazené, když jste připraveni si pochutnat!

46. Gelato z lískových oříšků

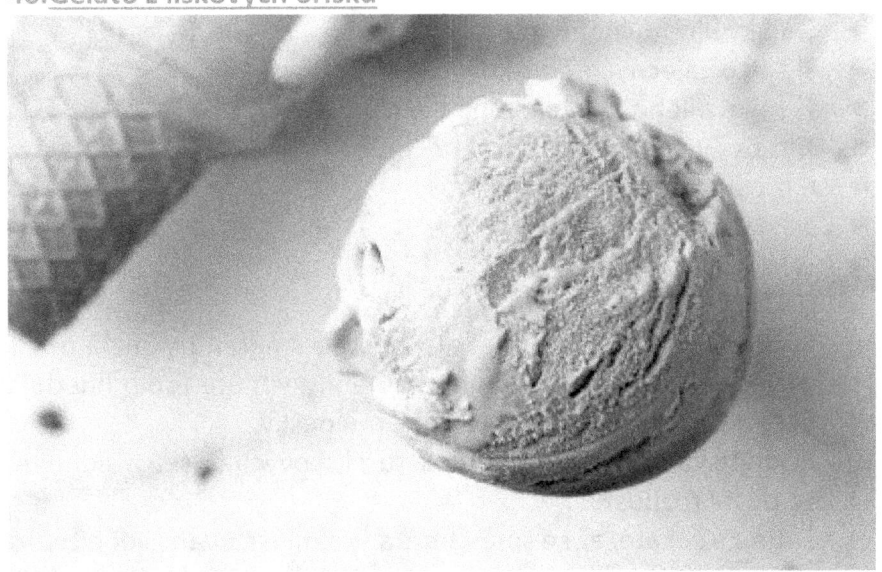

SLOŽENÍ:
- 2 šálky plnotučného mléka
- ¼ šálku vaječných žloutků
- ½ šálku bílého krystalového cukru
- ¼ lžičky vanilkového extraktu
- 6 lžic pasty z lískových oříšků
- 1 šálek husté smetany
- ⅛ lžičky soli

INSTRUKCE:
a) Smíchejte plnotučné mléko a hustou smetanu v malém hrnci a přiveďte k varu na středním plameni. Vypněte teplo hned, jak se vaří, a sundejte pánev z horké varné desky.
b) Přidejte vanilkový extrakt a pastu z lískových oříšků a šlehejte, aby se pasta rozpustila.
c) Zatímco čekáte, až se směs smetany a mléka uvaří, šlehejte žloutky a cukr, dokud nezblednou a nezpění. K provedení tohoto kroku možná budete chtít použít elektrický mixér, protože budete muset chvíli šlehat!
d) Zatímco šleháte žloutky, do žloutků pomalu přilévejte horkou mléčnou směs za stálého šlehání a přilévání, abyste omylem neuvařili vejce teplem z mléka.
e) Přidejte směs mléka a vajec zpět do hrnce a vraťte se na sporák, vařte na mírném ohni, dokud není směs dostatečně hustá, aby pokryla zadní stranu lžíce, ale také se budete chtít ujistit, že směs neustále mícháte. Nenechte mléko vařit a pokud uvidíte, že se ve směsi začnou tvořit hrudky, stáhněte směs z ohně a propasírujte ji přes sítko.
f) Gelato mix necháme v lednici zcela zakryté vychladit alespoň 4 hodiny nebo pokud možno přes noc.
g) Jakmile směs gelato vychladne, nalijte ji do stroje na zmrzlinu a zmrazte gelato podle pokynů stroje na zmrzlinu. Gelato bude mít texturu měkké servírované zmrzliny, až bude hotové ve zmrzlinovém stroji. V této fázi jej naberte do nádoby vhodné do mrazáku a dejte do mrazáku alespoň na dvě hodiny. Podávejte pěkně vychlazené, když jste připraveni si pochutnat!

47. Nutella Gelato

SLOŽENÍ:
- 2 šálky plnotučného mléka
- ¼ šálku vaječných žloutků
- ¼ šálku bílého krystalového cukru
- ¼ lžičky vanilkového extraktu
- ½ šálku Nutelly
- 1 šálek husté smetany
- ⅛ lžičky soli

INSTRUKCE:
a) Smíchejte plnotučné mléko a hustou smetanu v malém hrnci a přiveďte k varu na středním plameni. Vypněte teplo hned, jak se vaří, a sundejte pánev z horké varné desky.
b) Přidejte vanilkový extrakt a Nutellu a šlehejte, aby se pasta rozpustila.
c) Zatímco čekáte, až se směs smetany a mléka uvaří, šlehejte žloutky a cukr, dokud nezblednou a nezpění. K provedení tohoto kroku možná budete chtít použít elektrický mixér, protože budete muset chvíli šlehat!
d) Zatímco šleháte žloutky, do žloutků pomalu přilévejte horkou mléčnou směs za stálého šlehání a přilévání, abyste omylem neuvařili vejce teplem z mléka.
e) Přidejte směs mléka a vajec zpět do hrnce a vraťte se na sporák a vařte na mírném ohni, dokud není směs dostatečně hustá, aby se pokryla zadní strana lžíce, ale nezapomeňte neustále míchat. Nenechte mléko vařit a pokud uvidíte, že se ve směsi začnou tvořit hrudky, stáhněte směs z ohně a propasírujte ji přes sítko.
f) Gelato mix necháme v lednici zcela zakryté vychladit alespoň 4 hodiny nebo pokud možno přes noc.
g) Jakmile směs gelato vychladne, nalijte ji do stroje na zmrzlinu a zmrazte gelato podle pokynů stroje na zmrzlinu. Gelato bude mít texturu měkké servírované zmrzliny, až bude hotové ve zmrzlinovém stroji. V této fázi jej naberte do nádoby vhodné do mrazáku a dejte do mrazáku alespoň na dvě hodiny. Podávejte pěkně vychlazené, když jste připraveni si pochutnat!

48.Jahodové gelato

SLOŽENÍ:
- 2 šálky plnotučného mléka
- ¼ šálku vaječných žloutků
- ½ šálku bílého krystalového cukru
- ¼ lžičky vanilkového extraktu
- 1 šálek nakrájených jahod
- 1 šálek husté smetany
- ⅛ lžičky soli

INSTRUKCE:
a) Smíchejte plnotučné mléko a hustou smetanu v malém hrnci a přiveďte k varu na středním plameni. Vypněte teplo hned, jak se vaří, a sundejte pánev z horké varné desky.
b) Přidejte vanilkový extrakt a nakrájené jahody a promíchejte.
c) Zatímco čekáte, až se směs smetany a mléka uvaří, šlehejte žloutky a cukr, dokud nezblednou a nezpění. K provedení tohoto kroku možná budete chtít použít elektrický mixér, protože budete muset chvíli šlehat!
d) Zatímco šleháte žloutky, do žloutků pomalu přilévejte horkou mléčnou směs za stálého šlehání a přilévání, abyste omylem neuvařili vejce teplem z mléka.
e) Přidejte směs mléka a vajec zpět do hrnce a vraťte se na sporák, vařte na mírném ohni, dokud není směs dostatečně hustá, aby pokryla zadní stranu lžíce, ale nezapomeňte neustále míchat. Nenechte mléko vařit a pokud uvidíte, že se ve směsi začnou tvořit hrudky, stáhněte směs z ohně a propasírujte ji přes sítko.
f) Gelato mix necháme v lednici zcela zakryté vychladit alespoň 4 hodiny nebo pokud možno přes noc.
g) Jakmile směs gelato vychladne, nalijte ji do stroje na zmrzlinu a zmrazte gelato podle pokynů stroje na zmrzlinu. Gelato bude mít texturu měkké servírované zmrzliny, až bude hotové ve zmrzlinovém stroji. V této fázi jej naberte do nádoby vhodné do mrazáku a dejte do mrazáku alespoň na dvě hodiny. Podávejte pěkně vychlazené, když jste připraveni si pochutnat!

49. Čokoládové chipsové gelato

SLOŽENÍ:
- 2 šálky plnotučného mléka
- ¼ šálku vaječných žloutků
- ½ šálku bílého krystalového cukru
- ¼ lžičky vanilkového extraktu
- 1 šálek husté smetany
- ⅛ lžičky soli
- 1 šálek mini čokoládových lupínků

INSTRUKCE:
a) Smíchejte plnotučné mléko a hustou smetanu v malém hrnci a přiveďte k varu na středním plameni. Vypněte teplo hned, jak se vaří, a sundejte pánev z horké varné desky.
b) Přidejte vanilkový extrakt.
c) Zatímco čekáte, až se směs smetany a mléka uvaří, šlehejte žloutky a cukr, dokud nezblednou a nezpění. K provedení tohoto kroku možná budete chtít použít elektrický mixér, protože budete muset chvíli šlehat!
d) Zatímco šleháte žloutky, do žloutků pomalu přilévejte horkou mléčnou směs za stálého šlehání a přilévání, abyste omylem neuvařili vejce teplem z mléka.
e) Přidejte směs mléka a vajec zpět do hrnce a vraťte se na sporák, vařte na mírném ohni, dokud není směs dostatečně hustá, aby pokryla zadní stranu lžíce, a nezapomeňte neustále míchat. Nenechte mléko vařit a pokud uvidíte, že se ve směsi začnou tvořit hrudky, stáhněte směs z ohně a propasírujte ji přes sítko.
f) Gelato mix necháme v lednici zcela zakryté vychladit alespoň 4 hodiny nebo pokud možno přes noc.
g) Jakmile směs gelato vychladne, nalijte ji do stroje na zmrzlinu a zmrazte gelato podle pokynů stroje na zmrzlinu. Gelato bude mít texturu měkké servírované zmrzliny, až bude hotové ve zmrzlinovém stroji.
h) Vmíchejte mini čokoládové lupínky a krátce promíchejte, aby se gelato nerozpustilo.
i) V této fázi jej naberte do nádoby vhodné do mrazáku a dejte do mrazáku alespoň na dvě hodiny. Podávejte pěkně vychlazené, když jste připraveni si pochutnat!

50. Cannoli Gelato

SLOŽENÍ:
- 2 šálky plnotučného mléka
- ¼ šálku vaječných žloutků
- ½ šálku bílého krystalového cukru
- ¼ lžičky vanilkového extraktu
- ½ šálku husté smetany
- ½ šálku ricotty
- ⅛ lžičky soli
- ½ šálku drcených cannoli skořápek
- ½ šálku mini čokoládových lupínků

INSTRUKCE:
a) Smíchejte plnotučné mléko a hustou smetanu v malém hrnci a přiveďte k varu na středním plameni. Vypněte teplo hned, jak se vaří, a sundejte pánev z horké varné desky.
b) Přidejte vanilkový extrakt.
c) Zatímco čekáte, až se směs smetany a mléka uvaří, šlehejte žloutky a cukr, dokud nezblednou a nezpění. K provedení tohoto kroku možná budete chtít použít elektrický mixér, protože budete muset chvíli šlehat!
d) Zatímco šleháte žloutky, do žloutků pomalu přilévejte horkou mléčnou směs za stálého šlehání a přilévání, abyste omylem neuvařili vejce teplem z mléka.
e) Přidejte směs mléka a vajec zpět do hrnce a vraťte se na sporák, vařte na mírném ohni, dokud není směs dostatečně hustá, aby se pokryla zadní strana lžíce, a nezapomeňte neustále míchat. Nenechte mléko vařit a pokud uvidíte, že se ve směsi začnou tvořit hrudky, stáhněte směs z ohně a propasírujte ji přes sítko.
f) Vmíchejte ricottu, dokud se dobře nespojí.
g) Gelato mix necháme v lednici zcela zakryté vychladit alespoň 4 hodiny nebo pokud možno přes noc.
h) Jakmile směs gelato vychladne, nalijte ji do stroje na zmrzlinu a zmrazte gelato podle pokynů stroje na zmrzlinu. Gelato bude mít texturu měkké servírované zmrzliny, až bude hotové ve zmrzlinovém stroji.
i) Vmíchejte rozdrcené skořápky cannoli a mini čokoládové lupínky a naberte je do nádoby vhodné do mrazáku a dejte alespoň na dvě hodiny do mrazáku. Podávejte pěkně vychlazené, když jste připraveni si pochutnat!

51. Višňové gelato

SLOŽENÍ:

- 2 šálky plnotučného mléka
- ¼ šálku vaječných žloutků
- ½ šálku bílého krystalového cukru
- ¼ lžičky vanilkového extraktu
- 1 šálek husté smetany
- ⅛ lžičky soli
- 1 šálek nakrájených višní

INSTRUKCE:

a) Smíchejte plnotučné mléko a hustou smetanu v malém hrnci a přiveďte k varu na středním plameni. Vypněte teplo hned, jak se vaří, a sundejte pánev z horké varné desky.
b) Přidejte vanilkový extrakt.
c) Zatímco čekáte, až se směs smetany a mléka uvaří, šlehejte žloutky a cukr, dokud nezblednou a nezpění. K provedení tohoto kroku možná budete chtít použít elektrický mixér, protože budete muset chvíli šlehat!
d) Zatímco šleháte žloutky, do žloutků pomalu přilévejte horkou mléčnou směs za stálého šlehání a přilévání, abyste omylem neuvařili vejce teplem z mléka.
e) Přidejte směs mléka a vajec zpět do hrnce a vraťte se na sporák, vařte na mírném ohni, dokud není směs dostatečně hustá, aby se pokryla zadní strana lžíce, a nezapomeňte neustále míchat. Nenechte mléko vařit a pokud uvidíte, že se ve směsi začnou tvořit hrudky, stáhněte směs z ohně a propasírujte ji přes sítko.
f) Gelato mix necháme v lednici zcela zakryté vychladit alespoň 4 hodiny nebo pokud možno přes noc.
g) Jakmile směs gelato vychladne, nalijte ji do stroje na zmrzlinu a zmrazte gelato podle pokynů stroje na zmrzlinu. Gelato bude mít texturu měkké servírované zmrzliny, až bude hotové ve zmrzlinovém stroji.
h) Višně krátce přiklopte, jen aby se promíchaly, ale dejte pozor, aby se zmrzlina neroztekla.
i) Naberte ho do nádoby vhodné do mrazáku a dejte do mrazáku alespoň na dvě hodiny. Podávejte pěkně vychlazené, když jste připraveni si pochutnat!

52.Pikantní čokoládové gelato

SLOŽENÍ:
- 2 šálky plnotučného mléka
- 1 chilli papričky, rozpůlená s odstraněnými semínky
- ¼ šálku vaječných žloutků
- ¾ šálku bílého krystalového cukru
- ¼ lžičky vanilkového extraktu
- 1 šálek husté smetany
- 1 šálek tmavých čokoládových lupínků
- ⅛ lžičky soli

INSTRUKCE:
a) Smíchejte plnotučné mléko, celou chilli papričku a hustou smetanu v malém hrnci a přiveďte k varu na středním plameni. Vypněte teplo hned, jak se vaří, a sundejte pánev z horké varné desky. Nechte směs 30 minut uležet, poté vyjměte chilli papričku a vyhoďte.
b) Přidejte vanilkový extrakt a promíchejte.
c) Zatímco čekáte, až se směs smetany a mléka uvaří, šlehejte žloutky a cukr, dokud nezblednou a nezpění. K provedení tohoto kroku možná budete chtít použít elektrický mixér, protože budete muset chvíli šlehat!
d) Zatímco šleháte žloutky, do žloutků pomalu přilévejte horkou mléčnou směs za stálého šlehání a přilévání, abyste omylem neuvařili vejce teplem z mléka.
e) Přidejte směs mléka a vajec zpět do hrnce a vraťte se na sporák, vařte na mírném ohni za stálého míchání, dokud není směs dostatečně hustá, aby pokryla zadní stranu lžíce.
f) Horkou směs nalijte na čokoládové lupínky a šlehejte, dokud se čokoláda nerozpustí a nespojí se s gelatovým základem.
g) Gelato mix necháme v ledničce zcela zakryté vychladit alespoň 4 hodiny nebo pokud možno přes noc.
h) Jakmile směs gelato vychladne, nalijte ji do stroje na zmrzlinu a zmrazte gelato podle pokynů stroje na zmrzlinu. Gelato bude mít texturu měkké servírované zmrzliny, až bude hotové ve zmrzlinovém stroji. V této fázi jej naberte do nádoby vhodné do mrazáku a dejte do mrazáku alespoň na dvě hodiny. Podávejte pěkně vychlazené, když jste připraveni si pochutnat!

SUNDAES

53. Knickerbocker Glory

SLOŽENÍ:
- čerstvé jahody a třešně
- 2 kopečky vanilkové zmrzliny
- 6 až 8 polévkových lžic ovocného želé
- jahodová nebo malinová omáčka
- 2 kopečky jahodové zmrzliny
- 1/2 šálku husté smetany, vyšlehané
- pražené plátky mandlí

INSTRUKCE:
a) Do dna dvou vychlazených sklenic na poháry naaranžujte trochu čerstvého ovoce. Přidejte kopeček vanilkové zmrzliny, pak trochu ovocného želé a trochu ovocné omáčky.
b) Dále přidejte jahodovou zmrzlinu a pak další ovocnou omáčku. Nyní navrch dejte šlehačku, čerstvé ovoce a ořechy, poté další omáčku a pár ořechů.
c) Vraťte do mrazáku na maximálně 30 minut nebo ihned snězte. Ty nejsou k uchovávání, takže se připravte podle potřeby.
d) Je dobré mít výběr vhodných **surovin** připravené před začátkem, stejně jako dobře vychlazené sklenice.

54. Broskvová Melba

SLOŽENÍ:
- 4 velké zralé broskve, oloupané
- jemně nastrouhaná kůra a šťáva z 1 citronu
- 3 Tabulkové lžičky cukrářského cukru
- 8 kopečků vanilkové zmrzliny

K OMÁČCE MELBA
- 1 1/2 šálku zralých malin
- 2 polévkové lžíce želé z červeného rybízu
- 2 polévkové lžíce superjemného cukru

INSTRUKCE:
a) Broskve rozkrojte napůl a odstraňte pecky. Půlky broskví pevně zabalte do pečicí nádoby a pokapejte citronovou šťávou. Bohatě posypte cukrářským cukrem. Vložte misku pod předehřátý brojler na 5 až 7 minut nebo dokud nezezlátne a nebude bublat. Necháme vychladnout.

b) Na omáčku zahřejte maliny s želé a cukrem a poté je prolisujte přes síto. Necháme vychladnout.

c) Uspořádejte broskve na servírovací talíř s 1 nebo 2 kopečky zmrzliny. Pokapejte omáčkou melba a dochuťte kousky citronové kůry.

55. Čokoládový oříškový pohár

SLOŽENÍ:
- 1 kopeček bohaté čokoládové zmrzliny
- 1 kopeček máslové pekanové zmrzliny
- 2 polévkové lžíce čokoládová omáčka
- 2 polévkové lžíce pražených míchaných ořechů
- čokoládové vločky, kudrlinky nebo postřiky

INSTRUKCE:
a) Uložte dva kopečky zmrzliny do vychlazené misky na zmrzlinu.
b) Zalijeme čokoládovou polevou a poté posypeme ořechy a čokoládou.

SORBET

56. Sorbet ze smíšeného ovoce

SLOŽENÍ:
- 3 šálky smíchaných bobulí
- 1 hrnek cukru
- 2 šálky vody
- Šťáva z 1 limetky
- ½ lžičky košer soli

INSTRUKCE:
a) V misce smícháme všechny jahody a cukr. Nechte bobule macerovat při pokojové teplotě 1 hodinu, dokud nepustí šťávu.
b) Přeneste bobule a jejich šťávu do mixéru nebo kuchyňského robotu a přidejte vodu, limetkovou šťávu a sůl. Pulsujte, dokud se dobře nespojí. Přendejte do nádoby, přikryjte a chlaďte do vychladnutí, alespoň 2 hodiny nebo až přes noc.
c) Zmrazte a stlučte ve výrobníku zmrzliny podle pokynů výrobce. Pro jemnou konzistenci sorbet ihned podávejte; pro tužší konzistenci přendáme do nádoby, přikryjeme a dáme na 2 až 3 hodiny ztuhnout do mrazáku.

57.Jahodový A Heřmánkový Sorbet

SLOŽENÍ:
- ¾ šálku vody
- ½ šálku medu
- 2 lžíce poupat heřmánkového čaje
- 15 velkých jahod, zmrazených
- ½ lžičky mletého kardamonu
- 2 lžičky čerstvých lístků máty

INSTRUKCE:
a) Přiveďte vodu k varu a přidejte med, kardamom a heřmánek.
b) Po 5 minutách stáhněte z ohně a nechte vychladnout, dokud nebude velmi studený.
c) Vložte mražené jahody do kuchyňského robotu a nakrájejte je najemno.
d) Přidejte vychlazený sirup a mixujte, dokud nebude velmi hladký.
e) Vyndejte a uložte do nádoby v mrazáku. Podávejte s lístky máty.

58.Jahoda, Ananas A Pomerančový Sorbet

SLOŽENÍ:
- 1¼ libry jahod, oloupaných a nakrájených na čtvrtky
- 1 hrnek cukru
- 1 šálek nakrájeného ananasu
- ½ šálku čerstvě vymačkané pomerančové šťávy
- Šťáva z 1 malé limetky
- ½ lžičky košer soli

INSTRUKCE:
a) V míse smícháme jahody a cukr.
b) Nechte bobule macerovat při pokojové teplotě, dokud nepustí šťávu, asi 30 minut.
c) V mixéru nebo kuchyňském robotu spojte jahody a jejich šťávu s ananasem, pomerančovým džusem, limetkovou šťávou a solí. Pyré do hladka.
d) Nalijte směs do mísy (pokud dáváte přednost dokonale hladkému sorbetu, přelijte směs přes jemné síto nastavené nad mísou), přikryjte a dejte chladit do chladu, alespoň 2 hodiny nebo až přes noc.
e) Zmrazte a stlučte ve výrobníku zmrzliny podle pokynů výrobce.
f) Pro jemnou konzistenci sorbet ihned podávejte; pro tužší konzistenci přendáme do nádoby, přikryjeme a dáme na 2 až 3 hodiny ztuhnout do mrazáku.

59.Banánovo-jahodový sorbet

SLOŽENÍ:
- 2 zralé banány
- 2 lžíce citronové šťávy
- 1½ šálku mražených (neslazených) jahod.
- ½ šálku jablečné šťávy

INSTRUKCE:
a) Banány nakrájejte na čtvrtcentimetrové plátky, pokapejte je citronovou šťávou, položte na plech a zmrazte.
b) Poté, co jsou banány zmrazené, rozmixujte je se zbývajícími ingrediencemi v přístroji dle vašeho výběru.
c) Ihned podávejte ve vychlazených šálcích. Zbytky se špatně zmrazují, ale dělají příjemné ochucení pro domácí jogurt.

60. Malinový sorbet

SLOŽENÍ:
- 4 unce krystalového cukru
- 1 libra čerstvých malin, rozmražených, pokud jsou zmrazené
- 1 citron

INSTRUKCE:
a) Do hrnce dejte cukr a přidejte 150 ml/¼ pinty vody. Mírně zahřívejte, míchejte, dokud se cukr nerozpustí. Zvyšte teplotu a rychle vařte asi 5 minut, dokud směs nevypadá jako sirupová.
b) Sundejte z plotny a nechte vychladnout.
c) Mezitím dejte maliny do kuchyňského robotu nebo mixéru a rozmixujte dohladka. Směs propasírujte přes nekovové síto, abyste odstranili semínka.
d) Z citronu vymačkejte šťávu.
e) Sirup přelijte do velkého džbánu a vmíchejte malinové pyré a citronovou šťávu.
f) Přikryjte a chlaďte asi 30 minut nebo dokud dobře nevychladnou.
g) Směs přendejte do zmrzlinovače a zmrazte podle návodu.

61. Jahodový sorbet Tristar

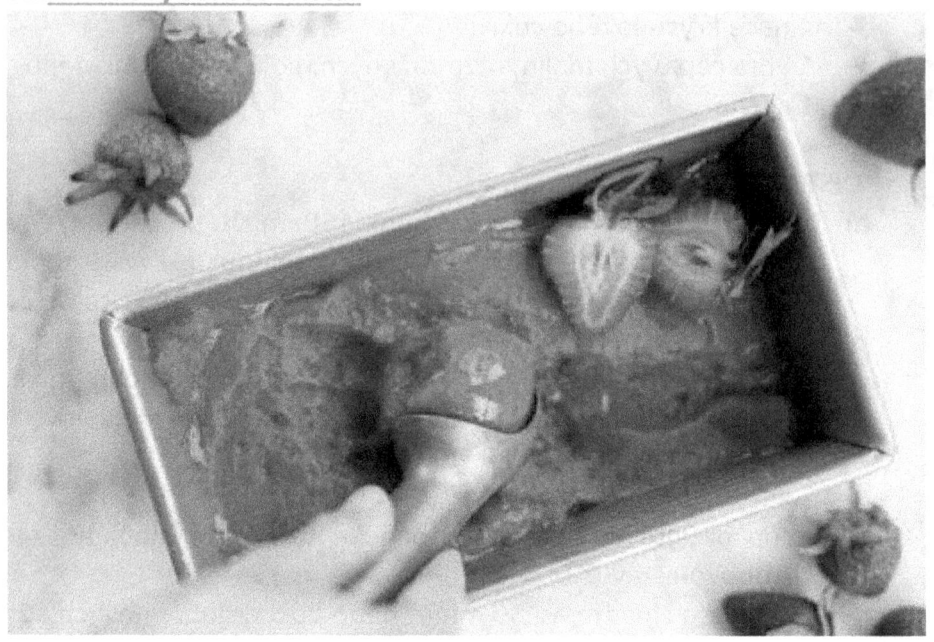

SLOŽENÍ:
- 2 půllitry Tristar jahody, loupané
- 1 plátek želatiny
- 2 lžíce glukózy
- 2 lžíce cukru
- ⅛ lžičky košer soli
- ⅛ lžičky kyseliny citronové

INSTRUKCE:
a) Jahody rozmixujte na pyré v mixéru. Pyré propasírujte přes jemné sítko do mísy, aby se z nich vykapali pecky.
b) Rozkvete želatina.
c) Zahřejte trochu jahodového pyré a zašlehejte do něj želatinu, aby se rozpustila. Všlehejte zbývající jahodové pyré, glukózu, cukr, sůl a kyselinu citrónovou, dokud se vše zcela nerozpustí a nezapracuje.
d) Nalijte směs do vašeho zmrzlinového stroje a zmrazte podle pokynů výrobce. Sorbet je nejlepší odstředit těsně před podáváním nebo použitím, ale ve vzduchotěsné nádobě v mrazáku vydrží až 2 týdny.

62. Sorbete De Jamaica

SLOŽENÍ:
- 2½ šálku sušených listů Jamajky
- 1 litr vody
- ½ unce čerstvého zázvoru, jemně nasekaného 1 šálek cukru
- 1 polévková lžíce čerstvě vymačkané limetkové šťávy
- 2 lžíce limoncella

INSTRUKCE:
a) Udělej si čaj. Vložte listy Jamajky do hrnce nebo misky, přiveďte vodu k varu a nalijte ji na listy. Přikryjte a louhujte 15 minut. Čaj sceďte a listy Jamajky vyhoďte.

b) Vytvořte základ sorbetu. Vložte zázvor do mixéru, přidejte 1 šálek čaje a mixujte, dokud se úplně nerozpustí, 1–2 minuty. Přidejte další 1-½ šálku čaje a znovu promíchejte.

c) Základ sorbetu nalijte do hrnce, přidejte cukr a přiveďte k varu a míchejte, aby se cukr rozpustil. Jakmile se základ sorbetu dostane k varu, hrnec stáhněte z plotny. Vmícháme limetkovou šťávu a vychladíme. Ochlaďte základnu, dokud nedosáhne 60 °F.

d) Zmrazte sorbet. Do vychlazeného základu přidejte limoncello a nalijte do zmrzlinovače. Zmrazte podle pokynů výrobce, dokud nezmrzne, ale stále rozbředlý, 20–30 minut.

63. Mučenkový sorbet

SLOŽENÍ:
- 1 lžička práškové želatiny
- 2 citrony
- 9 uncí krystalového cukru
- 8 mučenky

INSTRUKCE:
a) Do misky nebo hrnečku odměřte 2 lžíce vody, posypte želatinou a nechte 5 minut odstát. Z citronů vymačkejte šťávu.
b) Do hrnce dejte cukr a přidejte 300 ml/½ litru vody. Mírně zahřívejte, míchejte, dokud se cukr nerozpustí. Zvyšte teplotu a rychle vařte asi 5 minut, dokud směs nevypadá jako sirupová.
c) Sundejte z plotny, přidejte citronovou šťávu a poté vmíchejte želatinu, dokud se nerozpustí.
d) Mučenky rozpůlte a malou lžičkou vydlabejte semínka a dužinu do sirupu. Nechte vychladnout.
e) Zakryjte a nechte v chladu alespoň 30 minut nebo dokud dobře nevychladnou.
f) Vychlazený sirup propasírujte přes nekovové síto, abyste odstranili semínka.
g) Směs přendejte do zmrzlinovače a zmrazte podle návodu.
h) Přeneste do vhodné nádoby a zmrazte, dokud není potřeba.

64. Kiwi sorbet

SLOŽENÍ:
- 8 kiwi
- 1⅓ šálku jednoduchého sirupu
- 4 lžičky čerstvé citronové šťávy

INSTRUKCE:
a) Kiwi oloupejte. Pyré v kuchyňském robotu. Měli byste mít asi 2 šálky pyré.
b) Vmíchejte jednoduchý sirup a citronovou šťávu.
c) Nalijte směs do mísy zmrzlinovače a zmrazte. Dodržujte prosím návod výrobce.

65. Kdoule Sorbet

SLOŽENÍ:
- 1½ libry zralých kdoulí (asi 4 malé až střední)
- 6 šálků vody
- 1 (3palcový) kousek mexické skořice
- ¾ šálku cukru
- Šťáva z ½ citronu
- Špetka košer soli

INSTRUKCE:
a) Kdoule oloupeme, rozčtvrtíme a zbavíme jádřinců.
b) Vložte kousky do hrnce a přidejte vodu, skořici a cukr.
c) Vařte odkryté na středním plameni za občasného míchání, dokud kdoule nezměkne, asi 30 minut, přičemž dbejte na to, aby směs vždy vařila a nikdy se nevařila.
d) Odstraňte z ohně, přikryjte a nechte 2 až 3 hodiny vychladnout; barva během této doby ztmavne.
e) Vyjměte a vyhoďte skořici. Směs kdoulí přendejte do mixéru, přidejte citronovou šťávu a sůl a rozmixujte dohladka.
f) Směs přelijte přes jemné sítko umístěné nad mísou. Přikryjte a chlaďte do chladu, alespoň 2 hodiny nebo až přes noc.
g) Zmrazte a stlučte ve výrobníku zmrzliny podle pokynů výrobce.
h) Pro jemnou konzistenci sorbet ihned podávejte; pro tužší konzistenci přendáme do nádoby, přikryjeme a necháme 2 až 3 hodiny ztuhnout v mrazáku

66.Guava sorbet

SLOŽENÍ:

- 1 plátek želatiny
- 325 g guava nektaru [1¼ šálku]
- 100 g glukózy [¼ šálku]
- 0,25 g limetkové šťávy [⅛ čajové lžičky]
- 1 g košer soli [¼ lžičky]

INSTRUKCE:

a) Rozkvete želatina.
b) Zahřejte trochu guava nektaru a zašlehejte do něj želatinu, aby se rozpustila. Vmíchejte zbývající guava nektar, glukózu, limetkovou šťávu a sůl, dokud se vše zcela nerozpustí a nezapracuje.
c) Nalijte směs do vašeho zmrzlinového stroje a zmrazte podle pokynů výrobce. Sorbet je nejlepší odstředit těsně před podáváním nebo použitím, ale ve vzduchotěsné nádobě v mrazáku vydrží až 2 týdny.

67. Zázvorový sorbet z granátového jablka

SLOŽENÍ:
- 1 šálek krystalového cukru
- ½ šálku vody
- 1 polévková lžíce nahrubo nasekaného čerstvého zázvoru
- 2 šálky 100% šťávy z granátového jablka
- ¼ šálku likéru St. Germain volitelně

OBLOHA:
- čerstvé granátové jablko arils volitelné

INSTRUKCE:
a) V malém hrnci smíchejte cukr, vodu a zázvor. Přiveďte k varu, snižte teplotu a vařte za občasného šlehání, dokud se cukr úplně nerozpustí. Přendejte do nádoby, přikryjte a nechte zcela vychladit v lednici. Bude to trvat nejméně 20 až 30 minut nebo déle.
b) Jakmile jednoduchý sirup vychladne, sceďte sirup přes jemné síto nastavené nad velkou mísou. Kousky zázvoru vyhoďte. Do misky se sirupem přidejte šťávu z granátového jablka a St. Germain likér. Dobře spolu prošlehejte.
c) Směs rozšleháme ve výrobníku zmrzliny podle návodu výrobce. Sorbet je hotový, když připomíná texturu husté kaše.
d) Sorbet přendejte do vzduchotěsné nádoby, povrch přikryjte igelitem a dejte mrazit na dalších 4 až 6 hodin, ideálně přes noc. Podávejte a ozdobte čerstvým granátovým jablkem.

68. Brusinkový jablečný sorbet

SLOŽENÍ:
- 2 jablka Golden Delicious,
- oloupané,
- Vykostěné a nahrubo nasekané
- 2 šálky brusinkové šťávy

INSTRUKCE:
e) Ve středně velkém hrnci smíchejte jablka a šťávu. Zahřejte k varu.
f) Snižte teplotu, aby se vařil, přikryjte a vařte 20 minut, nebo dokud jablka nezměknou.
g) Odkryjeme a necháme vychladnout na pokojovou teplotu.
h) V kuchyňském robotu nebo mixéru rozmixujte jablko a šťávu do hladka.
i) Nalijte do zmrzlinovače a zpracujte na sorbet podle pokynů výrobce. (přejděte na 9.) NEBO 6. Pokud nepoužíváte zmrzlinovač, nalijte pyré do 9" čtvercové pánve. Přikryjte a zmrazte, dokud částečně nezmrzne - asi 2 hodiny.
j) Mezitím vychlaďte velkou mísu a šlehače elektrického mixéru.
k) Vložte pyré do vychlazené mísy a šlehejte při nízké rychlosti, dokud se kousky nerozbijí, a poté šlehejte při vysoké rychlosti, dokud nebude hladké a nadýchané – asi 1 minutu.
l) Zabalte sorbet do mrazicí nádoby a před podáváním několik hodin zmrazte.

69. Melounový sorbet

SLOŽENÍ:
- 1 ½ libry melounu, váženého bez semen nebo slupky
- 1 ¼ šálku krystalového cukru
- 2 tyčinky skořice
- 2 lžíce semínek koriandru, drcených
- 3 lžíce citronové šťávy

INSTRUKCE:
a) Dužinu melounu zredukujte na kaši.
b) V hrnci s těžkým základem rozpusťte cukr ve 2 šálcích vody. Přidejte tyčinky skořice a semínka koriandru a vařte 5 minut. Přikryjeme a necháme louhovat do vychladnutí.
c) Do melounové kaše sceďte sirup a vmíchejte citronovou šťávu. Nalijte směs do nádoby. Zakryjte a zmrazte, dokud neztuhne, 3x prošlehejte v 45minutových intervalech.
d) Asi 30 minut před podáváním přendejte sorbet do lednice.

70. Kaktus Pádlo Sorbet S Ananasem A Limetkou

SLOŽENÍ:

- ¾ libry kaktusových lopatek (nopales), vyčištěné
- 1½ šálku hrubé mořské soli
- ¼ šálku čerstvě vymačkané limetkové šťávy
- 1½ šálku nakrájeného ananasu (asi ½ ananasu)
- 1 hrnek cukru
- ¾ šálku vody
- 2 lžíce medu

INSTRUKCE:

a) Očištěné kaktusové lopatky nakrájejte na zhruba 1-palcové čtverce. V misce hoďte kaktus se solí.
b) Nechejte stranou při pokojové teplotě po dobu 1 hodiny; sůl vytáhne z kaktusu přirozený sliz.
c) Kaktus přendejte do cedníku a opláchněte pod tekoucí studenou vodou, abyste odstranili veškerou sůl a sliz. Dobře sceďte.
d) V mixéru rozmixujte kaktus, limetkovou šťávu, ananas, cukr, vodu a med do hladka.
e) Nalijte směs do mísy, přikryjte a dejte chladit do chladu, alespoň 2 hodiny nebo až 5 hodin.
f) Zmrazte a stlučte ve výrobníku zmrzliny podle pokynů výrobce.
g) Pro jemnou konzistenci sorbet ihned podávejte; pro tužší konzistenci přendáme do nádoby, přikryjeme a dáme na 2 až 3 hodiny ztuhnout do mrazáku.

71.Sorbet z avokáda a mučenky

SLOŽENÍ:
- 2 šálky čerstvého nebo rozmraženého mraženého pyré z mučenky
- ¾ šálku plus 2 lžíce cukru
- 2 malá zralá avokáda
- ½ lžičky košer soli
- 1 polévková lžíce čerstvě vymačkané limetkové šťávy

INSTRUKCE:
a) V malém kastrůlku smíchejte mučenkové pyré a cukr.
b) Vařte na středně vysokém ohni za míchání, dokud se cukr nerozpustí.
c) Sundejte z plotny a nechte vychladnout na pokojovou teplotu.
d) Avokádo podélně rozpůlíme. Odstraňte pecky a naberte dužinu do mixéru nebo kuchyňského robotu.
e) Přidejte vychladlou směs marakuji a sůl a zpracujte do hladka, podle potřeby seškrábejte stěny nádoby mixéru nebo mísy.
f) Přidejte limetkovou šťávu a zpracujte, dokud se nespojí. Směs nalijte do mísy, přikryjte a dejte chladit do chladu, asi 2 hodiny.
g) Zmrazte a stlučte ve výrobníku zmrzliny podle pokynů výrobce.
h) Pro jemnou konzistenci sorbet ihned podávejte; pro tužší konzistenci přendáme do nádoby, přikryjeme a necháme 2 až 3 hodiny ztuhnout v mrazáku.

72. Soursop Sorbet

SLOŽENÍ:
- 3 šálky čerstvé dužiny kyselky (z 1 velkého nebo 2 malých plodů)
- 1 hrnek cukru
- ⅔ šálku vody
- 1 polévková lžíce čerstvě vymačkané limetkové šťávy
- Špetka košer soli

INSTRUKCE:
a) Velkým nožem rozřízněte zákys podélně napůl. Lžící vydlabejte dužinu a semínka do odměrky; potřebujete celkem 3 šálky. Odstraňte kůži.
b) V míse smíchejte zákys a cukr a promíchejte vařečkou, přičemž ovoce co nejvíce rozdrobíte. Vmíchejte vodu, limetkovou šťávu a sůl.
c) Přikryjte a chlaďte do chladu, alespoň 2 hodiny nebo až přes noc.
d) Zmrazte a stlučte ve výrobníku zmrzliny podle pokynů výrobce.

73. Pro osvěžení Ananasový sorbet

SLOŽENÍ:
- 1 malý zralý havajský ananas
- 1 šálek jednoduchého sirupu
- 2 lžíce čerstvé citronové šťávy

INSTRUKCE:
a) Ananas oloupejte, zbavte jádřince a nakrájejte na kostičky.
b) Vložte kostky do kuchyňského robotu a zpracujte, dokud nebudou velmi hladké a napěněné.
c) Vmíchejte jednoduchý sirup a citronovou šťávu.
d) Ochutnejte a v případě potřeby přidejte více sirupu nebo šťávy.
e) Nalijte směs do mísy zmrzlinovače a zmrazte.
f) Dodržujte prosím návod výrobce.

74. Sorbet z bílé broskve

SLOŽENÍ:
- 5 zralých bílých broskví
- 1 plátek želatiny
- ¼ šálku glukózy
- ½ lžičky košer soli
- ⅛ lžičky kyseliny citronové

INSTRUKCE:
a) Broskve rozpůlíme a vypeckujeme. Vložte je do mixéru a 1 až 3 minuty rozmixujte na hladké a homogenní pyré.
b) Pyré propasírujte přes jemné síto do střední mísy.
c) Naběračkou nebo lžící zatlačte na zbytky pyré, abyste získali co nejvíce šťávy; měli byste vyhodit jen několik lžic pevných látek.
d) Rozkvete želatina.
e) Zahřejte trochu broskvového pyré a zašlehejte do něj želatinu, aby se rozpustila. Vmíchejte zbývající broskvové pyré, glukózu, sůl a kyselinu citrónovou, dokud se vše zcela nerozpustí a nezapracuje.
f) Nalijte směs do vašeho zmrzlinového stroje a zmrazte podle pokynů výrobce.
g) Sorbet je nejlepší odstředit těsně před podáváním nebo použitím, ale ve vzduchotěsné nádobě v mrazáku vydrží až 2 týdny.

75. Hruškový sorbet

SLOŽENÍ:
- 1 plátek želatiny
- 2⅓ šálků hruškového pyré
- 2 lžíce glukózy
- 1 lžíce bezového květu cordial
- ⅛ lžičky košer soli
- ⅛ lžičky kyseliny citronové

INSTRUKCE:
a) Rozkvete želatina.
b) Zahřejte trochu hruškového pyré a zašlehejte do něj želatinu, aby se rozpustila. Přišlehejte zbývající hruškové pyré, glukózu, bezový květ, sůl a kyselinu citronovou, dokud se vše zcela nerozpustí a nezapracuje.
c) Nalijte směs do vašeho zmrzlinového stroje a zmrazte podle pokynů výrobce. Sorbet je nejlepší odstředit těsně před podáváním nebo použitím, ale ve vzduchotěsné nádobě v mrazáku vydrží až 2 týdny.

76. Concord hroznový sorbet

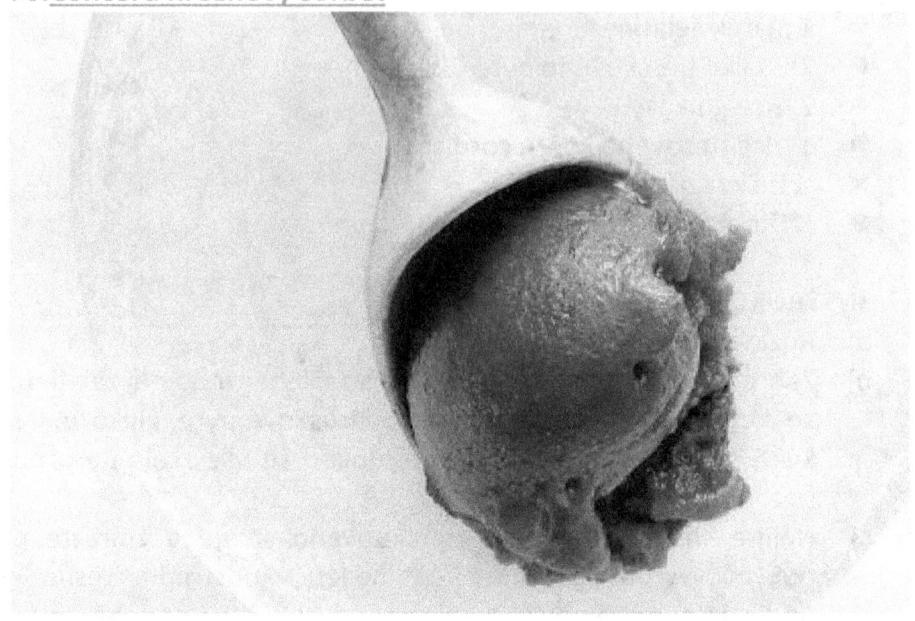

SLOŽENÍ:
- 1 plátek želatiny
- ½ porce hroznového džusu Concord
- 200 g glukózy [½ šálku]
- 2 g kyseliny citronové [½ čajové lžičky]
- 1 g košer soli [¼ lžičky]

INSTRUKCE:
a) Rozkvete želatina.
b) Zahřejte trochu hroznové šťávy a zašlehejte do ní želatinu, aby se rozpustila. Přišlehejte zbývající hroznovou šťávu, glukózu, kyselinu citronovou a sůl, dokud se vše zcela nerozpustí a nezapracuje.
c) Nalijte směs do vašeho zmrzlinového stroje a zmrazte podle pokynů výrobce. Sorbet je nejlepší odstředit těsně před podáváním nebo použitím, ale ve vzduchotěsné nádobě v mrazáku vydrží až 2 týdny.

77. Deviled Mango Sorbet

SLOŽENÍ:

- ⅓ šálku vody
- 1 hrnek cukru
- 2 piquínové chilli papričky
- 5¾ šálků zralého manga, oloupaného, vypeckovaného a nakrájeného na kostičky
- Šťáva z 1 limetky
- ¾ lžičky košer soli
- 1 lžička mletého piquínského chilli nebo kajenského pepře

INSTRUKCE:

a) V malém hrnci smíchejte vodu a cukr. Přiveďte k varu na středním plameni a míchejte, aby se cukr rozpustil. Sundejte z plotny, vmíchejte celé chilli papričky a nechte 1 hodinu vychladnout.
b) Vyjměte a vyhoďte chilli papričky z cukrového sirupu. V mixéru smíchejte cukrový sirup a na kostičky nakrájené mango a rozmixujte dohladka. Přidejte limetkovou šťávu, sůl a mleté chilli a promíchejte, aby se spojily.
c) Ochutnejte pyré a pokud chcete, vmíchejte další mleté chilli, přičemž mějte na paměti, že jakmile zmrazíte, bude sorbet chutnat o něco méně pikantně.
d) Směs přelijte přes jemné sítko umístěné nad mísou. Přikryjte a chlaďte do chladu, alespoň 4 hodiny nebo až přes noc.
e) Zmrazte a stlučte ve výrobníku zmrzliny podle pokynů výrobce.
f) Pro jemnou konzistenci sorbet ihned podávejte; pro tužší konzistenci přendáme do nádoby, přikryjeme a dáme na 2 až 3 hodiny ztuhnout do mrazáku.

MRAŽENÝ JOGURT

78. Čerstvý zázvor mražený jogurt

SLOŽENÍ:
ZÁKLAD ZMRAŽENÝ JOGURT
- 1 litr obyčejného nízkotučného jogurtu
- 1½ šálku plnotučného mléka
- 2 lžíce kukuřičného škrobu
- 2 unce (4 lžíce) smetanového sýra, změkčeného
- ½ čajové lžičky řepného prášku (pro barvu; viz zdroje ; volitelné)
- ⅛ lžičky kurkumy (pro barvu; volitelné)
- ½ šálku husté smetany
- ⅔ šálku cukru
- ¼ šálku světlého kukuřičného sirupu

ZÁZVOROVÝ SIRUP
- ½ šálku čerstvé citronové šťávy (ze 2 až 3 citronů)
- 3 lžíce cukru
- 2 unce čerstvého zázvoru (kousek asi 4 palce dlouhý), oloupaný a nakrájený na ⅛-palcové mince
- ½ lžičky mletého zázvoru

INSTRUKCE:
NA PŘEPÍNANÝ JOGURT
a) Na misku postavte síto a vyložte je dvěma vrstvami tenká. Nalijte jogurt do síta, zakryjte plastovým obalem a dejte na 6 až 8 hodin do lednice, aby odkapal. Tekutinu vylijte a odměřte 1¼ šálku přecezeného jogurtu; dát stranou.

NA ZÁZVOROVÝ SIRUP
b) Smíchejte citronovou šťávu s cukrem v malém hrnci a přiveďte k varu na středně vysokém ohni a míchejte, aby se cukr rozpustil. Sundejte z plotny, přidejte nakrájený zázvor a zázvor v prášku a nechte vychladnout. Nakrájený zázvor přecedíme a sirup dáme stranou.

NA ZÁKLAD ZMRAŽENÝ JOGURT
c) Smíchejte asi 2 lžíce mléka s kukuřičným škrobem v malé misce, abyste vytvořili hladkou kaši.
d) Smetanový sýr, řepný prášek a kurkumu, pokud používáte, ušlehejte ve střední misce do hladka.
e) Naplňte velkou misku ledem a vodou.

f) Vaření Smíchejte zbývající mléko, smetanu, cukr a kukuřičný sirup ve čtyřlitrovém hrnci, přiveďte k varu na středně vysoké teplotě a vařte 4 minuty. Sundejte z plotny a postupně zašlehejte kašičku z kukuřičného škrobu. Směs přiveďte zpět k varu na středně vysokém ohni a vařte za míchání žáruvzdornou stěrkou do mírného zhoustnutí, asi 1 minutu. Sundejte z plotny.
g) Chill Horkou mléčnou směs postupně zašlehejte do tvarohového krému, dokud nebude hladká. Přidejte 1 ¼ šálku jogurtu a zázvorový sirup. Nalijte směs do 1-galonového mrazicího sáčku Ziplock a ponořte uzavřený sáček do ledové lázně. Nechte stát a podle potřeby přidejte další led, dokud nevychladne, asi 30 minut.
h) Zmrazování Vyjměte zmražený kanystr z mrazničky, sestavte svůj zmrzlinový stroj a zapněte jej. Nalijte základ z mraženého jogurtu do mraženého kanystru a otočte, dokud nebude hustý a krémový.
i) Zabalte mražený jogurt do skladovací nádoby. Přitiskněte list pergamenu přímo k povrchu a uzavřete vzduchotěsným víkem. Zmrazte v nejchladnější části mrazničky, dokud neztuhne, alespoň 4 hodiny.

79.Čerstvá broskev mražený jogurt

SLOŽENÍ:
ZÁKLAD ZMRAŽENÝ JOGURT
- 1 litr obyčejného nízkotučného jogurtu
- ⅔ šálku podmáslí (nebo další plnotučné mléko)
- 1 šálek plnotučného mléka
- 2 lžíce kukuřičného škrobu
- 2 unce (4 lžíce) smetanového sýra, změkčeného
- ¼ lžičky jemné mořské soli
- ½ šálku husté smetany
- ⅔ šálku cukru
- ¼ šálku světlého kukuřičného sirupu

BROSKVOVÉ pyré
- 2 až 3 zralé zlaté broskve, oloupané, vypeckované a nakrájené na hrubé kousky
- ⅓ šálku cukru
- ¼ šálku čerstvé citronové šťávy (z cca 2 citronů)

INSTRUKCE:
NA PŘEPÍNANÝ JOGURT
c) Na misku postavte síto a vyložte je dvěma vrstvami tenká. Nalijte jogurt do síta, zakryjte plastovým obalem a dejte na 6 až 8 hodin do lednice, aby odkapal. Tekutinu vylijte a odměřte 1¼ šálku přecezeného jogurtu. Přidejte podmáslí a dejte stranou.

NA MRAŽENÝ JOGURT
d) Smíchejte asi 2 lžíce mléka s kukuřičným škrobem v malé misce, abyste vytvořili hladkou kaši.
e) Smetanový sýr a sůl ušlehejte ve střední misce do hladka.
f) Naplňte velkou misku ledem a vodou.

NA BROSKOVÉ pyré
g) Broskve rozmixujte na pyré v kuchyňském robotu. Přeneste ⅔ šálku pyré do malé misky. Zbytek si rezervujte pro další použití.
h) Smíchejte cukr a citronovou šťávu ve středním hrnci a přiveďte k varu na středně vysokém ohni a míchejte, dokud se cukr nerozpustí. Přidejte do broskvového pyré a nechte vychladnout.
i) Vaření Smíchejte zbývající mléko, smetanu, cukr a kukuřičný sirup ve čtyřlitrovém hrnci, přiveďte k varu na středně vysoké teplotě a

vařte 4 minuty. Sundejte z plotny a postupně zašlehejte kašičku z kukuřičného škrobu. Směs přiveďte zpět k varu na středně vysokém ohni a vařte za míchání žáruvzdornou stěrkou do mírného zhoustnutí, asi 1 minutu. Sundejte z plotny.

j) Chill Horkou mléčnou směs postupně zašlehejte do tvarohového krému, dokud nebude hladká. Přidejte vyhrazený 1¼ šálku jogurtu a broskvové pyré. Nalijte směs do 1-galonového mrazicího sáčku Ziplock a ponořte uzavřený sáček do ledové lázně. Nechte stát a podle potřeby přidejte další led, dokud nevychladne, asi 30 minut.

k) Zmrazování Vyjměte zmražený kanystr z mrazničky, sestavte svůj zmrzlinový stroj a zapněte jej. Nalijte základ z mraženého jogurtu do mraženého kanystru a otočte, dokud nebude hustý a krémový.

l) Zabalte mražený jogurt do skladovací nádoby. Přitiskněte list pergamenu přímo k povrchu a uzavřete vzduchotěsným víkem. Zmrazte v nejchladnější části mrazničky, dokud neztuhne, alespoň 4 hodiny.

80.Islandský dort mražený jogurt

SLOŽENÍ:
- 1½ šálku plnotučného mléka
- 2 lžíce kukuřičného škrobu
- 1¼ šálku skyr
- 2 unce (4 lžíce) smetanového sýra, změkčeného
- ½ šálku husté smetany
- ⅔ šálku cukru
- ¼ šálku světlého kukuřičného sirupu
- ½ šálku rozdrobeného Lady Cake , zmrazeného
- ½ šálku Streusel , vyrobeného z ovsa a pečeného dalších 20 minut
- ⅔ šálku dušené rebarborové omáčky

INSTRUKCE:
a) Smíchejte asi 2 lžíce mléka s kukuřičným škrobem v malé misce, abyste vytvořili hladkou kaši.
b) Šlehejte skyr a smetanový sýr ve střední misce do hladka.
c) Naplňte velkou misku ledem a vodou.
d) Vaření Smíchejte zbývající mléko, smetanu, cukr a kukuřičný sirup ve čtyřlitrovém hrnci, přiveďte k varu na středně vysoké teplotě a vařte 4 minuty.
e) Sundejte z plotny a postupně zašlehejte kašičku z kukuřičného škrobu. Směs přiveďte zpět k varu na středně vysokém ohni a vařte za míchání žáruvzdornou stěrkou do mírného zhoustnutí, asi 1 minutu. Sundejte z plotny.
f) Chill Horkou mléčnou směs postupně zašlehejte do tvarohového krému, dokud nebude hladká. Nalijte směs do 1-galonového mrazicího sáčku Ziplock a ponořte uzavřený sáček do ledové lázně. Nechte stát a podle potřeby přidejte další led, dokud nevychladne, asi 30 minut.
g) Zmrazování Vyjměte zmražený kanystr z mrazničky, sestavte svůj zmrzlinový stroj a zapněte jej. Nalijte jogurtový základ do kanystru a otočte, dokud nebude hustý a krémový.
h) Pracujte rychle a zabalte mražený jogurt do skladovací nádoby a střídejte vrstvy mraženého jogurtu, koláče, streusel a rebarborové omáčky.
i) Přitiskněte list pergamenu přímo k povrchu a uzavřete vzduchotěsným víkem.
j) Zmrazte v nejchladnější části mrazničky, dokud neztuhne, alespoň 4 hodiny.

81. Mražený Jogurt S Rozmarýnem A Kandovaným Ovocem

SLOŽENÍ:
- 1 lžička čerstvé listy rozmarýnu
- 1/2 hrnku cukrářského cukru
- 1/2 šálku kandované pomerančové a citronové kůry
- 2 šálky sojového nebo nemléčného jogurtu
- 2 polévkové lžíce. kandované fialky

INSTRUKCE:
a) Listy rozmarýnu nakrájíme nadrobno a smícháme s cukrářským cukrem. Necháme odstát alespoň hodinu, nejlépe přes noc.
b) Kandovanou kůru (i když je již nasekaná) nasekáme nadrobno. Ve velké míse smíchejte jogurt s kandovanou kůrou a kandovanými fialkami. Přes mísu prosejte cukrářský cukr a poté jej vmíchejte. Směs rozdělte do 8 formiček nebo malých formiček. Vložte do mrazáku a nechte 2–3 hodiny.
c) Krátce před podáváním nechte formy krátce ve vroucí vodě a poté mražený jogurt vyklopte na talíře. Pokud chcete, podávejte ozdobené snítkami rozmarýnu a plátky čerstvého ovoce.

82.Překvapení z mražené čokolády

SLOŽENÍ:
- 1 šálek fazolí anko nebo adzuki, namočených přes noc (nebo 14 uncí plechovky fazolí azuki)
- 2 šálky tmavě hnědého cukru
- 2 šálky vody
- 4 polévkové lžíce. karobový prášek
- 2 šálky rýžového mléka
- 1 hrnek rýžového nebo sójového jogurtu
- nakrájené čerstvé ovoce k podávání

INSTRUKCE:
a) Namočené fazole sceďte a vložte do velké pánve zakryté vodou. Přiveďte k varu a vařte 1 hodinu nebo dokud nezačnou měknout. Sceďte a vraťte do pánve s hnědým cukrem a 2 hrnky vody. Vařte odkryté na mírném ohni, dokud nezměkne a nezredukuje se velká část tekutiny. Chladný.
b) Fazole rozmixujte v procesoru s dostatečným množstvím jejich tekutiny na vaření, aby vzniklo měkké pyré. Poté vmíchejte karobový prášek, rýžové mléko a jogurt.
c) Mixujte, dokud nebude opravdu hladká. Přeneste do výrobníku zmrzliny a stlučte podle pokynů výrobce nebo přeneste do mrazicí nádoby a postupujte podle pokynů pro ruční míchání . Používáte-li zmrzlinovač, přestaňte stloukat, když je téměř tuhá, přendejte do mrazicí nádoby a před podáváním nebo dokud nebude potřeba, nechte v mrazáku 15 minut.
d) Až budete připraveni k podávání, vyjměte z mrazáku a nechte 15 minut změknout. Podáváme s nakrájeným čerstvým ovocem.

83. Ostružinový mražený jogurt

SLOŽENÍ:

- 2 šálky čerstvých nebo mražených neslazených ostružin nebo 1 (16 1/2 unce) ostružin, scezených
- 1/3 až 1/2 šálku krystalového cukru
- 1 lžička neochucené želatiny
- 1/2 šálku odstředěného mléka
- 1/4 šálku vody
- 1 (8 uncí) kartonový čistý odtučněný jogurt
- 1 lžíce najemno nastrouhané pomerančové kůry
- 1/4 šálku pomerančové šťávy

INSTRUKCE:

a) Rozmrazte bobule, pokud jsou zmrazené. Mezitím ve střední pánvi smíchejte cukr a želatinu; vmícháme mléko a vodu. Zahřívejte, dokud se želatina nerozpustí. Dejte stranou vychladnout.
b) V míse kuchyňského robota zpracujte bobule do hladka. Prolisujte přes síto; vyhodit semena. Do želatinové směsi vmíchejte bobulový protlak, jogurt, pomerančovou kůru a pomerančový džus.
c) Proměňte se ve dvoulitrový elektrický mrazák na zmrzlinu. Zmrazte podle pokynů výrobce. (Nebo nalijte do pánve o rozměrech 9 x 5 x 3 palce.
d) Pokrýt; zmrazit asi 6 hodin. Rozbijte na kousky. Přendejte do vychlazené mísy.
e) Elektrickým šlehačem vyšleháme do hladka, ale nerozpustí se. Vraťte do studené ošatky. Pokrýt; zmrazit asi 8 hodin.)

84. Karobovo-medový mražený jogurt

SLOŽENÍ:
- 3 šálky neochuceného jogurtu
- ½ šálku medu
- ¾ šálku práškového rohovníku

INSTRUKCE:
a) V misce smíchejte jogurt, med a práškový karob do hladka.
b) Nalijte směs do mísy zmrzlinovače a zmrazte. Dodržujte prosím návod výrobce.

85.Zázvor A Rebarbora Jogurt Led

SLOŽENÍ:
- 450 g kartonového rebarborového jogurtu, chlazeného
- 142 ml kartonový jednoduchý krém, chlazený
- 4 lžíce sirupu ze sklenice stonkového zázvoru
- 3 kusy stopkového zázvoru, okapané

INSTRUKCE:
a) Jogurt vyklopte do džbánu a přidejte smetanu a zázvorový sirup.
b) Nakrájejte stopkový zázvor na velmi malé kousky a přidejte do džbánu.
c) Metličkou míchejte, dokud se dobře nepromíchá.
d) Přikryjte a chlaďte 20–30 minut.
e) Směs přendejte do zmrzlinovače a zmrazte podle návodu .
f) Přeneste do vhodné nádoby a zmrazte, dokud není potřeba.

86. Medový mražený jogurt

SLOŽENÍ:
- 4 kelímky neochuceného jogurtu
- 1 šálek medu

INSTRUKCE:
a) Nalijte směs do mísy zmrzlinovače a zmrazte.
b) Dodržujte prosím návod výrobce.

AFFOGATO

87.Čokoládové lískooříškové affogato

SLOŽENÍ:
- 1 kopeček čokoládového gelata nebo zmrzliny
- 1 panák espressa
- 1 lžíce oříškové pomazánky.

INSTRUKCE:
a) Do servírovací sklenice vložte kopeček čokoládového gelata nebo zmrzliny.
b) Na gelato naneste lžičkou oříškovou pomazánku. Gelato zalijte panákem horkého espressa.
c) Jemně promíchejte, aby se chutě spojily.
d) Okamžitě podávejte a dopřejte si dekadentní kombinaci čokolády, lískových oříšků a espressa.

88.Amaretto Affogato

SLOŽENÍ:
- 1 odměrka mandlového nebo amaretto gelato
- 1 panák likéru amaretto
- 1 panák espressa

INSTRUKCE:
a) Do servírovací sklenice vložte kopeček mandlového nebo amaretto gelata.
b) Gelato zalijeme panákem likéru amaretto. Přidejte panáka horkého espressa.
c) Jemně promíchejte, aby se chutě propojily.
d) Okamžitě podávejte a vychutnejte si lahodnou kombinaci amaretta, mandlí a espressa.

89. Tiramisu Affogato

SLOŽENÍ:
- 1 odměrka mascarpone gelato
- 1 panák espressa
- 1 polévková lžíce kakaového prášku

INSTRUKCE:
a) Do servírovací sklenice vložte kopeček mascarpone gelato.
b) Gelato zalijte panákem horkého espressa.
c) Vrch posypeme kakaovým práškem.
d) Ihned podávejte a vychutnejte si připomínající chutě tiramisu v této variaci Affogato.

90. Affogato se slaným karamelem

SLOŽENÍ:
- 1 odměrka slaného karamelového gelata
- 1 panák espressa
- karamelová omáčka

INSTRUKCE:
a) Do servírovací sklenice vložte kopeček slaného karamelového gelata.
b) Gelato zalijte panákem horkého espressa.
c) Zalijeme karamelovou omáčkou.
d) Ihned podávejte a vychutnejte si kombinaci sladkých a slaných chutí.

91. Citronový sorbet Affogato

SLOŽENÍ:
- 1 odměrka citronového sorbetu
- 1 panák likéru limoncello
- 1 panák espressa
- citronová kůra (volitelně).

INSTRUKCE:
a) Do servírovací sklenice vložte odměrku citronového sorbetu.
b) Sorbet zalijte panákem likéru limoncello.
c) Přidejte panáka horkého espressa. V případě potřeby ozdobte citronovou kůrou.
d) Ihned podávejte a vychutnejte si osvěžující a pikantní chuť.

92. Pistáciové affogato

SLOŽENÍ:
- 1 odměrka pistáciového gelata
- 1 panák espressa
- drcené pistácie

INSTRUKCE:
a) Do servírovací sklenice vložte kopeček pistáciového gelata.
b) Gelato zalijte panákem horkého espressa.
c) Posypeme drcenými pistáciemi.

93. Kokosové affogato

SLOŽENÍ:
- 1 kopeček kokosového gelata nebo zmrzliny z kokosového mléka
- 1 panák espressa
- opečené kokosové vločky.

INSTRUKCE:
a) Do servírovací sklenice vložte kopeček kokosového gelata nebo zmrzliny z kokosového mléka.
b) Gelato zalijte panákem horkého espressa.
c) Posypeme opraženými kokosovými lupínky.

94. Mandlové affogato

SLOŽENÍ:

- 1 kopeček mandlového gelata nebo zmrzliny z mandlového mléka
- 1 panák likéru amaretto
- 1 panák espressa
- plátky mandlí

INSTRUKCE:

a) Do servírovací sklenice nebo misky vložte kopeček mandlového gelata nebo zmrzliny z mandlového mléka.
b) Gelato zalijeme panákem likéru amaretto.
c) Připravte si panák horkého espressa a zalijte jím gelato a likér.
d) Ozdobte posypem nakrájených mandlí.
e) Ihned podávejte a vychutnejte si nádhernou kombinaci chutí mandlí, amaretta a espressa.

95.Oranžová A Tmavá čokoláda Affogato

SLOŽENÍ:
- 1 odměrka pomerančového gelata nebo sorbetu
- 1 panák espressa
- hobliny hořké čokolády nebo strouhaná hořká čokoláda

INSTRUKCE:
a) Do servírovací sklenice vložte kopeček pomerančového gelata nebo sorbetu.
b) Gelato zalijte panákem horkého espressa.
c) Posypeme hoblinkami hořké čokolády nebo nastrouhanou hořkou čokoládou.

96. Nutella Affogato

SLOŽENÍ:
- 1 kopeček oříškového gelata nebo zmrzliny
- 1 panák espressa
- 1 polévková lžíce Nutelly.

INSTRUKCE:
a) Do servírovací sklenice vložte kopeček oříškového gelata nebo zmrzliny.
b) Na gelato nalijte lžící Nutellu.
c) Gelato zalijte panákem horkého espressa.
d) Jemně promíchejte, aby se chutě spojily.

97. Mátový čokoládový čip Affogato

SLOŽENÍ:
- 1 kopeček mátového čokoládového gelata nebo zmrzliny
- 1 panák espressa
- čokoládový sirup
- lístky čerstvé máty (volitelné)

INSTRUKCE:
a) Do servírovací sklenice vložte kopeček mátového čokoládového gelata nebo zmrzliny.
b) Gelato zalijte panákem horkého espressa.
c) Pokapeme čokoládovým sirupem.
d) V případě potřeby ozdobte lístky čerstvé máty.

98.Malinový Sorbetto Affogato

SLOŽENÍ:
- 1 odměrka malinového sorbetta
- 1 panák malinového likéru (například Chambord)
- 1 panák espressa
- čerstvé bobule

INSTRUKCE:
a) Do servírovací sklenice dejte kopeček malinového sorbetta.
b) Sorbetto zalijte panákem malinového likéru.
c) Přidejte panáka horkého espressa.
d) Ozdobte čerstvým ovocem.

99. Karamelové macchiato Affogato

SLOŽENÍ:
- 1 kopeček karamelového gelata nebo zmrzliny
- 1 panák espressa
- karamelový sirup
- šlehačka.

INSTRUKCE:
a) Do servírovací sklenice vložte kopeček karamelového gelata nebo zmrzliny.
b) Gelato zalijte panákem horkého espressa.
c) Pokapeme karamelovým sirupem.
d) Navrch dáme šlehačku.

100. Oříškové Biscotti Affogato

SLOŽENÍ:
- 1 kopeček oříškového gelata nebo zmrzliny
- 1 panák espressa
- drcené lískooříškové biscotti.

INSTRUKCE:
a) Do servírovací sklenice vložte kopeček oříškového gelata nebo zmrzliny.
b) Gelato zalijte panákem horkého espressa.
c) Posypeme drcenými lískooříškovými biscotti.

ZÁVĚR

Na konci naší cesty bohatým světem dezertů ledové zlaté doufám, že vás tato kuchařka inspirovala k tomu, abyste popustili uzdu své kreativitě a oddali se dekadentním požitkům z mražených dobrot. Kniha „KUCHAŘKA LEDOVÉ ZLATÉ DEZERTY" byla vytvořena s vášní pro oslavu umění, vynalézavosti a čistého potěšení z výroby mražených dezertů a nabízí sbírku receptů, které jistě pozvednou každý kulinářský zážitek.

Děkuji, že jste se ke mně připojili na tomto mrazivém dobrodružství. Nechte vaši kuchyni naplnit dráždivou vůní čerstvě namleté zmrzliny, osvěžujícím chladem sorbetů a granit a výtečnou krásou elegantních kreací semifreddo a parfait. Ať už si za teplého letního večera vychutnáváte kopeček gelata nebo si dopřáváte kousek dekadentního zmrzlinového dortu, ať je každé sousto okamžikem čisté blaženosti a kulinářské dokonalosti.

Dokud se znovu nesetkáme, přejeme šťastné zmrazení a ať vaše zmrazené výtvory i nadále oslňují a těší. Tady je luxusní svět dezertů Ice Gold a radost, kterou přinášejí do našich životů!

www.ingramcontent.com/pod-product-compliance
Lightning Source LLC
Chambersburg PA
CBHW070409120526
44590CB00014B/1330